CONOZCO A MI PADRE

La Clave Para Descubrir El Poder Divino Dentro De Ti

Colección Deluxe

Por
Neville Goddard
Imaginatio Divina Media

Publicado en 2024 por Imaginatio Divina Media.

Sitio web: www.imaginatiodivinamedia.com

ISBN: 979-8-3304-9595-5

Contenido

RESUMEN
DE *CONOZCO A MI PADRE*:

La obra "Conozco a mi Padre" de Neville Goddard explora profundas ideas filosóficas y espirituales en torno a la naturaleza de la conciencia humana, la identidad propia y el poder de la imaginación. En el centro del texto está el concepto de que los seres humanos están intrínsecamente conectados con Dios a través de su conciencia o consciencia, simbolizada por la frase "YO SOY".

Goddard enseña que la realidad está moldeada por lo que los individuos imaginan y creen sobre sí mismos. Sostiene que la conciencia humana es la verdadera fuerza creativa que está detrás de todas las experiencias y que, a través de la conciencia focalizada, las personas pueden manifestar sus deseos en la realidad. Utiliza referencias y metáforas bíblicas para explicar que el "Padre" (Dios) es en realidad la conciencia incondicionada y sin forma que hay en cada individuo. Esta conciencia se "condiciona" o "personifica" cuando se identifica con ideas o deseos concretos, creando así el mundo exterior.

El libro subraya que comprender y utilizar esta conexión con el "Padre" a través del pensamiento consciente es clave para lograr la transformación personal y cumplir los deseos. También profundiza en la superación de ilusiones, apegos y creencias limitantes, ilustrando cómo el cambio en la concepción de uno mismo puede alterar fundamentalmente la experiencia vital.

CONTEXTO MODERNO
DE *CONOZCO A MI PADRE*:

Los principios de Neville Goddard sobre la imaginación, la autoconciencia y la manifestación pueden relacionarse con temas contemporáneos como la neurociencia del pensamiento positivo, la atención plena y las leyes de la atracción. Estas áreas proporcionan una base científica actual que puede resonar con los lectores de hoy con inclinaciones espirituales.

1. Neurociencia del pensamiento positivo: La creencia de Goddard de que la imaginación da forma a la realidad concuerda estrechamente con los descubrimientos de la neurociencia sobre el poder del pensamiento. Los estudios demuestran que el pensamiento positivo puede recablear las vías neuronales del cerebro a través de la neuroplasticidad, reforzando hábitos y comportamientos beneficiosos. El concepto de Goddard de "YO SOY" -la conciencia de ser- puede considerarse una técnica de afirmación mental que activa circuitos neuronales asociados al éxito, la alegría o la abundancia. Esto ayuda a las personas a alinear sus pensamientos y emociones con los resultados que desean experimentar.

2. Atención plena: La atención plena, la práctica de estar presente en el momento sin juzgar, conecta bien con el énfasis de Goddard en la conciencia. Goddard anima a las personas a ser conscientes de sus deseos y a sentir que ya son o tienen lo que desean. La atención plena cultiva un estado elevado de autoconciencia, que es paralelo a la noción de Goddard de que estar plenamente presente con los propios deseos (en lugar de centrarse en los resultados futuros) es crucial para la manifestación. Al permanecer presentes, las personas pueden enfocar más fácilmente su energía y transformar sus experiencias.

3. La ley de la atracción: La ley de la atracción, que sugiere que lo semejante atrae a lo semejante, es un tema central en las enseñanzas de Goddard. Su idea de que el mundo exterior es un reflejo de la conciencia interior es precursora de las creencias modernas de la ley de la atracción. Al mantener una fuerte creencia interna en una realidad deseada y actuar como si ya existiera, explica Goddard, los individuos atraen esa realidad hacia sí. Este principio de "sentirlo real" refleja fielmente los debates contemporáneos sobre cómo nuestros estados emocionales y mentales pueden influir directamente en nuestras realidades externas.

Al conectar estas ideas intemporales con las tendencias científicas y espirituales modernas, las enseñanzas de Goddard siguen atrayendo a los lectores que buscan tanto una visión mística como una guía práctica y basada en pruebas para la transformación personal.

CONOZCO A MI PADRE

Por Neville Goddard
(1960)

CAPÍTULO UNO
YO SOY

"Mi Padre es aquel a quien los hombres llaman Dios, pero yo conozco a mi Padre y los hombres no conocen a su Dios". Mi Padre y tu Padre son Uno. "Escucha, Israel, el Señor nuestro Dios es Un solo Señor". "Yo y mi Padre somos Uno".

Un Padre nos hizo a todos vivir, movernos y tener nuestro ser en Él el Uno. ¿Quién es, pues, ese UNO que tenemos en común? Lo único que todos los hombres tienen en común es esto: todos los hombres saben que lo son. Esta afirmación de que somos, esta conciencia, es nuestro Padre.

No hay lugar donde el hombre pueda ir y no saber que es. "Si tomo las alas de la mañana y vuelo hasta los confines de la tierra, allí estás tú", sé que Soy.

"Si me acuesto en el infierno, sé que existo. Si sufro de amnesia y olvido por completo mi identidad humana, sabré que YO SOY. Es imposible que el hombre sepa que no es. Puedes decir no SOY eso, pero no puedes decir no SOY, porque tu mismo conocimiento es una declaración de que eres.

Por lo tanto, tanto si afirmas que eres como si afirmas que no eres, en realidad estás afirmando que eres. Por lo tanto, el hombre siempre está diciendo YO SOY. Este saber que somos, esta conciencia, es Dios Padre. En el momento en que esta conciencia incondicionada se vuelve condicionada al pretender ser esto o lo otro, se produce una diferenciación dentro de esta conciencia sin forma, y nuestro Padre impersonal (Nuestro yo real) se personifica como aquello que hemos concebido ser.

Esta presencia impersonal que somos puede compararse con el espacio, ya que el espacio, aunque sin forma, da forma a todo. Si al espacio sin forma se le extrajera el libro que estás leyendo, el cuerpo que vistes, la tierra sobre la que estás, todo se desvanecería.

La conciencia, aunque sin forma, da forma a lo que es consciente de ser, pero en el momento en que retiras tu realidad sin forma o conciencia de tu concepción de ti mismo (la forma que llevas), esta concepción desaparece. Una concepción sigue siendo una realidad formada sólo mientras la realidad invisible la lleve puesta.

"Mi Padre es Espíritu (informe) y los que le adoran deben adorarle en Espíritu y en Verdad". "Yo y mi Padre somos uno". "Mi conciencia de ser es el Padre sin forma que da forma a lo que tengo conciencia de ser, y al hacerlo pierde su presencia sin forma y sin nombre, en la forma y naturaleza de su concepción de sí mismo.

Como el agua pierde su identidad cuando se mezcla con las cosas y, sin embargo, permanece inmaculada cuando se extrae mediante la destilación, así la conciencia -la no-cosa- se pierde en las cosas -concepciones de sí misma- y permanece su ser inmaculado mediante la destilación espiritual. Eres espiritualmente destilado o extraído de tu concepción de ti mismo cuando dejas de identificarte con ella.

Ahora que has descubierto que éste es tu Padre, el Eterno Ahora, YO SOY, no vuelvas al estado pródigo para mendigar las migajas de la vida. Recuerda a tu Padre, el AHORA, la única realidad.

Reclámate a ti mismo ahora, en este momento, ser aquello que deseas ser e independientemente de lo que tu reclamo pueda ser tu Padre, la conciencia que es Ahora, te lo dará convirtiéndose en la cosa reclamada pero debes pedírselo de esta manera.

Sé consciente de ser aquello que pides. No busques más a tu Padre en el tiempo y en el espacio,

pues tu Padre es la conciencia que es ahora. "Yo y mi Padre somos uno, pero mi Padre es mayor que yo. "Mi conciencia y aquello de lo que SOY consciente de ser son uno, pero YO SOY mayor que aquello de lo que SOY consciente de ser. El concebidor siempre será más grande que su concepción. El Padre (Conciencia) es mayor que su HIJO (concepción de sí mismo).

Ahora tus ojos están abiertos. Tu Padre, Dios Todopoderoso, se te ha revelado como tu conciencia de ser.

PREGUNTAS Y RESPUESTAS DE REFLEXIÓN

1. ¿Qué significa decir "Mi Padre y vuestro Padre son uno"?

- Respuesta: Esta afirmación pone énfasis en la unidad de todos los seres a través de una conciencia o percepción compartida. Sugiere que, si bien los individuos pueden percibirse como entidades separadas, están fundamentalmente conectados a través de su conciencia inherente de ser. Reconocer esta unidad puede fomentar la compasión y la comprensión entre las personas, trascendiendo las divisiones.

-

2. ¿Cómo puede uno ser consciente de su existencia incluso en estados de profundo olvido o sufrimiento?

- Respuesta: La conciencia de la existencia, encapsulada en la frase "YO SOY", es un aspecto fundamental de la conciencia que persiste independientemente de las circunstancias externas o los estados internos. Incluso cuando uno está perdido en pensamientos, identidad o sufrimiento, la conciencia subyacente permanece. Esto sugiere un aspecto profundo e inmutable de nuestro ser que no puede ser borrado por las experiencias.

-

3. ¿De qué manera la analogía de la conciencia informe como espacio ayuda a ilustrar el concepto de conciencia?

- **Respuesta:** La analogía de la conciencia informe como espacio pone de relieve que la conciencia es una presencia vasta y adaptable que da lugar a diversas formas sin estar definida por ellas. Así como el espacio permite que los objetos existan sin alterar su esencia, la conciencia permite que surjan diversas experiencias e identidades sin alterar su núcleo. Esto subraya la idea de que nuestra verdadera naturaleza está más allá de las limitaciones de la forma y la identidad.

-

4. ¿Cuál es el significado de la afirmación: "El que concibe será siempre mayor que su concepción"?

- **Respuesta:** Esta afirmación sugiere que nuestra verdadera esencia —nuestra conciencia o percepción— trasciende cualquier identidad o concepto específico que podamos adoptar. Si bien podemos identificarnos con diversos roles o formas en la vida, esas identidades tienen un alcance limitado en comparación con la inmensidad de nuestra conciencia. Reconocer esta distinción puede llevarnos a una comprensión más profunda de nosotros mismos y a liberarnos de las autoidentificaciones restrictivas.

-

5. ¿Cómo puede uno practicar la consciencia de sus deseos en el contexto de este capítulo?

- **Respuesta:** Para practicar la conciencia de los deseos, se puede empezar visualizando y afirmando el estado de ser deseado en el momento presente. Esto implica reivindicar la sensación de tener ya lo deseado, alineándose así con la conciencia que manifiesta esos deseos. La atención plena, la meditación y el diario reflexivo también pueden ayudar a las personas a conectarse con su verdadero yo y sus intenciones, permitiéndoles experimentar sus deseos como parte de su realidad actual.

-

6. ¿Qué significa "dejar de identificarse" con la propia concepción de sí mismo?

- **Respuesta:** Dejar de identificarse con la propia concepción de uno mismo significa desprenderse de las creencias e identidades limitantes a las que a menudo nos aferramos. Implica reconocer que estas identidades son meros constructos de nuestra mente y no nuestra verdadera esencia. Este desapego puede conducir a una experiencia de vida más auténtica, en la que uno puede aceptar el cambio y el crecimiento sin estar limitado por autodefiniciones previas.

-

7. ¿Cómo anima este capítulo a las personas a abordar su relación con Dios o lo Divino?

- **Respuesta:** Este capítulo anima a las personas a abordar su relación con Dios o con lo Divino como una relación de conexión y unidad inherentes. Al reconocer que su conciencia es una manifestación de lo Divino, pueden entablar una relación más personal e inmediata con Dios. En lugar de buscar una validación externa o esperar una respuesta distante, se invita a las personas a darse cuenta de que su verdadera naturaleza ya está entrelazada con la presencia Divina, lo que permite una comunión directa y continua con ella.

CAPÍTULO DOS
VENGO CON UNA ESPADA

Antes de que puedas entrar en esa paz que sobrepasa todo entendimiento, primero debes ser asesinado de todas las ilusiones que ahora te esclavizan, las ilusiones de las divisiones.

Si te identificas con la raza, el credo o el color y oyes que aquello con lo que te identificas es criticado y condenado, te sentirás automáticamente herido por esa crítica. Cada apego es una barra en tu prisión autocreada. Tu única salida está en el no apego. Debes dejarlo todo y seguirme. En Cristo no hay ni griego ni judío, ni esclavo ni libre.

Tus apegos actuales están arraigados en ti debido a tu concepción actual de ti mismo. Tu concepción de ti mismo es la vara de medir con la que mides el mundo.

Todas las cosas son juzgadas en relación con tu concepción actual de ti mismo. La concepción que cada hombre tiene de sí mismo es una nota vibrante en la Sinfonía Cósmica, que determina automáticamente el valor de todas las notas en relación consigo misma.

Cambia tu concepción de ti mismo. Revalorízate y cambiarás automáticamente tu mundo. El hombre siempre ha jugado a perder al intentar cambiar su mundo, mientras él mismo permanecía con sus valores o concepciones actuales de sí mismo.

Jesús descubrió esta ley. Entonces, en lugar de cambiar a los hombres, se cambió a sí mismo. Dijo: "Y ahora me santifico a mí mismo, para que también ellos se santifiquen por medio de la verdad. " Se descubrió a sí mismo como la verdad de todo lo que veía que era su mundo.

La verdad es la espada que mata todo excepto a sí misma, y YO SOY (tu conciencia) es la verdad. Por lo tanto, identificarse con otra cosa que no sea el ser es estar esclavizado o limitado por aquello con lo que te identificas.

Eternamente objetivizas aquello que eres consciente de ser, por lo que siempre te mueves en un mundo que es la personificación perfecta de aquello que sabes que eres.

"Para el puro todas las cosas son puras". Este es un gran obstáculo para aquellos que están constantemente condenando al mundo. "No hay, pues, condenación para los que están en Cristo Jesús".

Está registrado que las multitudes abandonaron a Jesús cuando reveló el funcionamiento de la ley en estas palabras: "Nadie viene a mí si el Padre no lo atrae en mí." Y- "Yo y mi Padre somos uno".

No podían creer que ellos eran la causa de todo lo que veían que era su mundo. Después de miles de años sigue siendo el gran escollo para todos los que ven el mundo como algo que hay que cambiar por fuera.

Tú y tu concepción de ti mismo sois uno. Tu concepción de ti mismo es la imagen que te has hecho de tu Padre. Esta imagen modela tu mundo a tu semejanza, ya sea bueno, malo o indiferente. Tu Padre es tu conciencia que te limita a lo que eres consciente de ser. Si quieres cambiar tu mundo, hazlo de verdad, sabiendo que eres todo lo que ves que es el mundo. Tú no eres lo que eres por algo en el mundo, al contrario, el mundo es lo que es por lo que tú eres; el QUÉ es la medida o el valor que te has dado a ti mismo. En resumen, la concepción que tienes de ti mismo es el molde que utiliza el que te concibe (tu verdadero Yo) para crear tu mundo. Empieza a transformar el mundo reivindicándote como aquello que deseas ver expresado en el mundo. Sigue el ejemplo de Jesús, que se hizo uno con Dios y no le pareció extraño ni un robo hacer la obra de Dios.

La libertad no se gana con el sudor de la frente. Deja de luchar con el mundo, es sólo un reflector. Jacob fue liberado sólo cuando soltó aquello con lo que luchaba. Del mismo modo, tú serás libre sólo cuando sigas su ejemplo y sueltes tu problema dejando de identificarte con él. Porque lo que está atado en el Cielo (Conciencia) está atado en la Tierra y lo que está desatado en el Cielo está desatado en la Tierra. "Conoceréis la verdad y la verdad os hará libres". "YO

SOY la verdad. "Así que en realidad conocerte a ti mismo lo condicionado, es ser libre de aquello que en tu ceguera creías ser. Deja todo y solo se YO.

PREGUNTAS Y RESPUESTAS DE REFLEXIÓN

1. ¿Qué significa "ser liberado de todas las ilusiones que ahora te esclavizan"?

- **Respuesta:** "Despojarse de todas las ilusiones" se refiere al proceso de desprenderse de las identidades falsas y de los apegos que nos atan a percepciones limitadas de nosotros mismos y del mundo. Esto implica reconocer y dejar ir las divisiones basadas en la raza, el credo u otros constructos sociales que crean separación. Es a través de esta liberación que uno puede acceder a una paz más profunda y a una comprensión del yo como unidad con todo.

-

2. ¿Cómo contribuye la idea del desapego a la libertad personal?

- **Respuesta:** El desapego permite a las personas trascender las limitaciones impuestas por sus identidades y creencias. Cuando uno no está demasiado apegado a roles o resultados específicos, puede responder a la vida con mayor flexibilidad y resiliencia. Este estado del ser abre la puerta al autodescubrimiento y la libertad genuinos, lo que permite a la persona moverse por el mundo sin estar definida o limitada por sus apegos.

-

3. ¿Cuál es la importancia de cambiar tu concepción de ti mismo para cambiar tu mundo?

- **Respuesta:** Cambiar la concepción que tenemos de nosotros mismos es crucial porque nuestras percepciones moldean nuestras experiencias y realidades. Al mejorar la forma en que nos vemos a nosotros mismos, podemos alterar nuestras interacciones con el mundo. Esto se alinea con la idea de que el mundo externo refleja nuestro estado interno; por lo tanto, transformar el autoconcepto conduce a una experiencia de vida transformada.

-

4. ¿Por qué el capítulo enfatiza que "para los puros todas las cosas son puras"?

- **Respuesta:** Esta afirmación sugiere que la perspectiva de cada uno influye significativamente en la forma en que percibe e interactúa con el mundo. Una mentalidad pura ve la bondad y el potencial en todo, mientras que una mentalidad crítica tiende a encontrar defectos. Esto subraya la importancia de cultivar un corazón y una mente puros, ya que esta pureza dará forma a una realidad positiva, que conducirá a la armonía y la comprensión en lugar del conflicto.

-

5. ¿Cómo se relaciona el concepto de unidad con el Padre con la responsabilidad personal en la configuración de la propia realidad?

- **Respuesta:** El concepto de unidad con el Padre implica que los individuos son cocreadores de sus realidades. Reconocer esta conexión fomenta un sentido de responsabilidad por los propios pensamientos y creencias. Si nuestra conciencia da forma al mundo, debemos ser conscientes de cómo nos vemos a nosotros mismos y a los demás, a medida que estas percepciones se manifiestan en nuestras experiencias.

-

6. ¿Qué lecciones se pueden extraer del ejemplo de Jesús respecto a la autoconcepción y la transformación?

- **Respuesta:** El ejemplo de Jesús ilustra el poder de reconocer y aceptar la propia naturaleza divina. Demostró que la verdadera transformación no proviene de intentar cambiar el mundo desde afuera, sino de comprender y encarnar la propia conexión con lo Divino. Esto alienta a las personas a encontrar su propia esencia divina y a reivindicar su poder para dar forma a su realidad.

-

7. ¿Qué significa " perder tu problema al no identificarte con él"?

- **Respuesta:** " Perder el control de los problemas" significa dejar de identificarse con las dificultades o los desafíos como partes integrales de uno mismo. Al reconocer que los problemas no definen quiénes somos, podemos abordarlos desde un lugar de claridad y fortaleza, permitiendo su resolución sin que nos abrumen. Esta perspectiva promueve el empoderamiento y alienta la resolución proactiva de problemas.

-

8. ¿Cómo se relaciona la afirmación "Conoceréis la verdad, y la verdad os hará libres" con la transformación personal?

- **Respuesta:** Esta afirmación enfatiza que comprender la verdadera naturaleza de uno mismo, más allá de las creencias e identidades condicionadas, conduce a la liberación. Cuando las personas reconocen la verdad de su ser (que son más que sus circunstancias o roles sociales), obtienen la libertad de vivir auténticamente. Esta transformación surge de la conciencia interior y conduce a una existencia más expansiva y plena.

CAPÍTULO TRES
LA PRIMERA PIEDRA

"Buscad el Reino de los Cielos y todo se os dará por añadidura". Buscad la causa de las cosas y habréis encontrado el secreto de la creación. Habrás oído decir que "En el principio creó Dios el cielo y la tierra", que "todas las cosas por él fueron hechas; y sin él nada de lo que ha sido hecho fue hecho." Nadie cuestiona la verdad de esta afirmación, pero lo que uno sí quiere saber es: "¿quién es Dios y dónde se encuentra Dios?". En respuesta al quién se te dice: "YO SOY Dios, YO SOY el señor, YO SOY me ha enviado (el hombre Moisés) a vosotros". En cuanto a la ubicación de Dios se te dice: "El Reino de Dios está dentro de ti". Estas dos respuestas identifican a Dios como tu conciencia de ser y lo localiza donde eres consciente de ser. Ser consciente de ser es declarar en silencio: "YO SOY". Mientras lees esta página eres consciente de ser. Esta conciencia, esta consciencia de ser, es Dios creador. La conciencia es esa profundidad sin forma en la que todas las cosas viven, se mueven y tienen su ser, y aparte de la cual las cosas no tienen realidad. Este es el secreto de la afirmación: "Antes que Abraham fuera, YO SOY, antes que el mundo fuera, YO SOY y cuando todas las cosas dejen de ser, YO SOY".

La conciencia del ser precede a todas las concepciones de sí misma y sigue siendo su ser sin forma cuando todas sus concepciones dejan de ser. El creador debe preceder a la creación, como el concebidor precede a sus concepciones. La creación comienza y termina en el Creador. La conciencia es el secreto de toda manifestación. Toda creación pasa por tres etapas en su desarrollo: concepción, crucifixión y resurrección. Las ideas, los deseos, las ambiciones son todas concepciones que se mueven dentro del ser inmóvil, YO SOY. La conciencia es Padre y todas las concepciones de sí misma son hijos que dan testimonio de su Padre. Por lo tanto, "Yo y mi Padre somos uno, pero mi Padre es mayor que yo" el concebidor y la concepción son uno, pero el concebidor es mayor que su concepción.

La conciencia es incondicionada. Ser consciente de ser algo o alguien es condicionar lo incondicionado. Lo que se define es menor que el definidor. La conciencia de ser es el Dios Todopoderoso, el Padre Eterno, sobre cuyos hombros está el gobierno del mundo. La conciencia sostiene y dirige todas las cosas de las que tiene conciencia de ser. La conciencia del ser es el vientre eterno que se fecunda a sí mismo por medio del deseo. Ser consciente de un impulso o deseo es haber concebido. Creer, sintiéndote a ti mismo (El Sin Forma) ser la cosa deseada, es estar crucificado sobre la forma de la cosa sentida. Continuar en la creencia, sintiendo que ahora eres la cosa deseada hasta que cesen todas las dudas y nazca una profunda convicción de que es así, es resucitar o elevarse visiblemente para expresar la naturaleza de la cosa sentida.

En este preciso momento estás resucitando o expresando aquello que eres consciente de ser. "YO SOY la resurrección y la vida. "Ahora estoy representando en el mundo que me rodea, como una realidad viviente, lo que ahora soy consciente de que SOY, y continuaré haciéndolo hasta que cambie mi concepción de mí mismo. Así que tu respuesta en conciencia a la eterna pregunta, QUIÉN SOY YO, determinará tu mundo y cada una de sus expresiones. Empieza ahora a darte cuenta de que YO SOY es el Señor Dios Todopoderoso y junto a MÍ (tu conciencia) no hay otro Dios. No YO, Juan Pérez es Dios sino YO SOY, la conciencia de ser, es Dios. Juan Pérez es sólo su actual limitación o concepción de sí mismo. Yo soy lo ilimitado expresándose a través de la concepción limitada de mí mismo. Para cambiar la expresión, cambia la concepción de ti mismo, pero hazlo de verdad, no con palabras. Es decir, aleja completamente tu atención de tu limitación actual y colócala sobre la nueva concepción, hasta que la conciencia, tu verdadero ser, se pierda en la creencia o convicción de que YO SOY EL QUE YO SOY.

Este es el nuevo vestido o renacimiento de tu ser sin forma y sin nombre. Tu verdadero ser es un ser que ningún hombre ve, y que no se ve a sí mismo, sino que sólo ve su concepción de sí mismo. Al principio, ahora en este momento, la idea o el deseo está nadando en tu conciencia buscando encarnación. Antes de que el deseo pueda realizarse o resucitar, primero debe convertirse en una cruz o punto fijo en el que la conciencia esté clavada. La conciencia es la única realidad viva, el único poder resucitador. Por lo tanto, para dar vida a mi deseo, debo ser consciente de ser la cosa deseada. "Que haya un firmamento en medio de las aguas. "En medio de las aguas o conciencia sin forma, que haya una firmeza o convicción de que YO SOY la cosa deseada. Continúa parado sobre esta convicción o cruz, y en formas desconocidas para ti como hombre, realizarás o resucitarás tu deseo. La vida o la conciencia tiene formas que el hombre (la concepción) no conoce, sus formas están más allá de descubrir. La concepción actual que la vida tiene de sí misma como hombre es una máscara que lleva puesta. Dentro de este ser que crees que eres, está tu ser sin nombre YO SOY.

El fundamento de toda expresión es la conciencia y ningún hombre puede poner otros fundamentos. Por mucho que el hombre lo intente, no puede encontrar otra causa de manifestación que no sea Dios, su conciencia de ser. El hombre cree haber encontrado la causa de la enfermedad en los gérmenes; la causa de la guerra en las ideologías políticas en conflicto y en la codicia. Todos estos descubrimientos del hombre, catalogados como la esencia de la sabiduría, son necedad a los ojos de Dios. Sólo hay un poder y este poder es Dios (Conciencia). Mata, hace vivir, hiere, cura, hace todas las cosas buenas, malas o indiferentes.

Un prisionero debe tener un carcelero, un esclavo un amo. Una nación que se siente prisionera creará automáticamente un dictador. No se puede eliminar a un tirano destruyéndolo, como no se puede eliminar su reflejo destruyendo el espejo. La conciencia de una nación produce sus líderes. Lo que es cierto para una nación es cierto para un individuo, porque las naciones están formadas por individuos. El hombre se mueve en un mundo que no es ni más ni menos que su conciencia objetivada. Sin saberlo, lucha contra sus reflejos mientras mantiene viva la luz y las imágenes que arrojan los reflejos. "YO SOY la luz del mundo". YO SOY (la conciencia es la luz.) Lo que tengo conciencia de ser (mi concepción de mí mismo) como, soy rico, estoy sano, soy libre-son las imágenes.

El mundo es el espejo que magnifica todo lo que YO SOY consciente de ser. Deja de intentar cambiar el mundo, sólo es un espejo que te dice quién eres.

El hombre que es consciente de ser libre o prisionero está expresando aquello que es consciente de ser. No me importa lo que los hombres hayan diagnosticado que es tu problema. Un problema puede tener una historia de siglos, pero sé que desaparecerá en un abrir y cerrar de ojos, si sigues fielmente esta instrucción.

Hágase esta simple pregunta. ¿Cómo me sentiría si fuera libre? En el mismo momento en que te planteas sinceramente esta pregunta, llega la respuesta.

Ningún hombre puede decirle a otro cómo se sentiría si su deseo se realizara de repente. Pero cada uno sabría cómo se sentiría él mismo, porque ese sentimiento sería automático.

El sentimiento o la emoción que viene a uno en respuesta a su auto-cuestionamiento es el estado Padre de conciencia o Piedra Fundamental, de la cual vendrá la cosa sentida. Nadie sabe cómo se encarnará este sentimiento, pero lo hará, porque el Padre (la conciencia) tiene formas que ningún hombre conoce.

Haz que el nuevo sentimiento sea natural llevándolo. Todas las cosas expresan su naturaleza, así que debes llevar este sentimiento hasta que se convierta en tu naturaleza. Puede tomar un momento o un año, depende enteramente de ti. En el momento en que todas las dudas se desvanecen y sientes YO SOY esto, empiezas a dar el fruto de la naturaleza de lo que estás sintiendo que eres. Cuando una persona se compra un sombrero o un par de zapatos nuevos, piensa que todo el mundo sabe que son nuevos. Se siente poco natural con ellos puestos hasta que los usa el tiempo suficiente para que se vuelvan naturales. Lo mismo se aplica al uso del nuevo estado de conciencia.

Cuando te haces la pregunta: "¿Cómo me sentiría si mi deseo se realizara en este momento? ", la respuesta automática es tan nueva que sientes que no es tuya, que no es verdad. Por lo tanto, instantáneamente dejas de lado este nuevo estado de conciencia e inmediatamente vuelves a tu problema porque es más natural. Sin saber que la conciencia siempre se está imaginando a sí misma en las condiciones que te rodean- Tú, como la mujer de Lot, vuelves a mirar tu problema y una vez más quedas hipnotizada por su naturalidad. ¿No oyes las palabras de Jesús (salvación)? "Déjalo todo y sígueme- deja que los muertos entierren a sus muertos". Tu problema puede tenerte tan hipnotizado por su aparente realidad y naturalidad, que te resulta difícil llevar el nuevo sentimiento, o conciencia de tu salvador, pero debes llevarlo si quieres tener resultados. La piedra (Conciencia) que los constructores rechazaron (no quisieron llevar) es la piedra angular y no se pueden poner otros cimientos.

PREGUNTAS Y RESPUESTAS DE REFLEXIÓN

1. ¿Qué significa "buscad el reino de los cielos"?

- **Respuesta:** La búsqueda del Reino de los Cielos implica mirar hacia el interior para descubrir la naturaleza divina que hay en uno mismo. Hace hincapié en la importancia de la autoconciencia y la conciencia como base para experimentar la plenitud y la abundancia en la vida. Esta búsqueda no consiste en buscar en el exterior, sino más bien en reconocer el poder inherente de la propia conciencia.

-

2. ¿Cómo puede la comprensión de que "YO SOY" es a la vez una declaración de uno mismo y la esencia de Dios transformar nuestra perspectiva sobre la vida?

- **Respuesta:** Entender el "YO SOY" como una autodeclaración y una esencia divina desplaza el foco de atención de las circunstancias externas a la conciencia interna. Esto permite que las personas reconozcan que su realidad está determinada por su conciencia. Al identificarse con el aspecto divino del "YO SOY", uno puede cultivar un sentido de agencia y responsabilidad en la creación de sus experiencias.

-

3. ¿Por qué se describe la conciencia como el "fundamento de toda expresión"?

- **Respuesta:** La conciencia se considera el "cimiento de toda expresión" porque es la raíz de la que surgen todos los pensamientos, sentimientos y acciones. La conciencia da forma a la realidad; por lo tanto, comprender y nutrir la propia conciencia puede conducir a manifestaciones más conscientes e intencionales en la vida. Sin esta conciencia, todas las demás actividades siguen siendo superficiales y desconectadas del verdadero yo.

-

4. ¿Cuáles son las tres etapas de la creación mencionadas en el capítulo y cómo se relacionan con el crecimiento personal?

- **Respuesta:** Las tres etapas de la creación mencionadas son la concepción, la crucifixión y la resurrección. Estas etapas simbolizan el proceso de convertir los deseos en realidad: primero, concebir una idea o un deseo, luego experimentar los desafíos o la "crucifixión" asociados con él y, finalmente, experimentar una transformación o "resurrección" a medida que el deseo se manifiesta. Este marco ilustra que el crecimiento personal a menudo implica superar obstáculos y dudas para hacer realidad las aspiraciones propias.

-

5. ¿Cómo influye el concepto de conciencia como "espejo" en la forma en que percibimos los desafíos en nuestras vidas?

- **Respuesta:** Ver la conciencia como un "espejo" sugiere que los desafíos son reflejos de nuestro estado interior. Si percibimos nuestro mundo como difícil o limitante, eso indica que en nuestro interior tenemos creencias similares. Esta perspectiva alienta a las personas a cambiar su enfoque y no tratar de cambiar las circunstancias externas, sino cambiar sus creencias internas, transformando así sus experiencias.

-

6. ¿Qué se quiere decir con la frase "la conciencia de una nación produce sus líderes"?

- **Respuesta:** Esta frase sugiere que la conciencia y las creencias colectivas de una población determinan el tipo de líderes que atrae y apoya. Si una sociedad encarna el miedo, la opresión o la negatividad, puede producir líderes que reflejen esas cualidades. Por el contrario, una población consciente y empoderada puede manifestar líderes que inspiren y eleven. Esto resalta la importancia de la responsabilidad individual en la conformación de los resultados colectivos.

-

7. ¿Cómo se cultiva el nuevo sentimiento asociado con el deseo de convertirlo en nuestra naturaleza?

- **Respuesta:** Para cultivar el nuevo sentimiento, uno debe encarnar activamente las emociones y la mentalidad asociadas con el estado deseado. Esto implica afirmarse y visualizarse constantemente como alguien que ya posee el deseo, permitiendo que el nuevo sentimiento se integre en la propia identidad. La repetición y la práctica ayudan a solidificar esta nueva conciencia, transformándola de un pensamiento fugaz en un estado natural del ser.

-

8. ¿Por qué es importante "vestir" el nuevo estado de conciencia hasta que se vuelva natural?

- **Respuesta:** Usar el nuevo estado de conciencia es crucial porque significa un compromiso de encarnar el cambio deseado. Así como uno debe acostumbrarse a la ropa nueva antes de que se sienta natural, de manera similar, un nuevo estado de ser requiere tiempo y práctica para integrarse. Este proceso ayuda a disolver viejos patrones y creencias, lo que permite que el individuo exprese sus verdaderos deseos con confianza y autenticidad.

-

9. ¿Qué significa "dejarlo todo y seguirme"? ¿Cómo se puede aplicar este principio en la vida diaria?

- **Respuesta:** "Deja todo y sígueme" significa la necesidad de liberarse de viejas creencias, limitaciones y apegos que impiden el crecimiento personal. Aplicar este principio en la vida diaria implica priorizar la transformación interna por sobre la validación externa y dejar ir cualquier pensamiento o identidad negativa que ya no sirva al yo más elevado. Esta mentalidad fomenta la resiliencia y abre caminos para nuevas oportunidades alineadas con los verdaderos deseos de uno.

CAPÍTULO CUATRO
LA IMPRESIÓN

Toda impresión debe convertirse en la afirmación de lo que ha de ser. Decir que seré grande o que seré libre es una confesión de que no soy grande y de que no soy libre. Verse convertido en algo es saber que yo no soy esa cosa. Impresionarse es estar impresionado: primera persona, tiempo presente. Todas las expresiones son el resultado de I'm-pressions. Sólo en la medida en que pueda afirmar que soy aquello que deseo ser, expresaré tales afirmaciones. Que todos tus deseos sean impresiones de lo que es, no de lo que va a ser. Porque Yo Soy (tu conciencia) es Dios, y Dios es la plenitud de todo, el Eterno AHORA-YO SOY-YO SOY.

Los signos siguen, no preceden. Nunca verás los signos de lo que es. No pienses en el mañana, porque tu mañana es la expresión de tus impresiones de hoy. "Ahora es el tiempo aceptado. El Reino de los Cielos está cerca". Jesús (la salvación) dijo: "Yo estoy con vosotros todos los días". Tu conciencia es el salvador que está siempre contigo. Pero, si tu lo niegas, el te negara a ti tambien. Lo niegas al afirmar que aparecerá, como hacen millones hoy en día cuando afirman que la salvación está por venir, lo cual equivale a decir: "No estamos salvados". "Debes dejar de esperar que aparezca tu salvador y afirmar que ya eres salvo, y las señales de tus afirmaciones te seguirán.

Cuando se le preguntó a la viuda: "¿Qué tenía en su casa?", hubo reconocimiento de sustancia, Ahora, en su reclamo de tres gotas de aceite, no medidas vacías. Tres gotas se convierten en un chorro si se reclaman. Pues su conciencia magnifica todo lo que es consciente de ser. Reclamar que tendré aceite (Alegría) es confesar que tengo medidas vacías, que la conciencia de carecer, producirá carencia. Dios, tu conciencia, no hace acepción de personas y sólo puede expresar aquello con lo que está impresionada. Cada uno de tus deseos está determinado por tu necesidad. Los deseos son automáticos. Sabiendo que eres consciente del deseo y que tu conciencia es Dios, debes considerar cada deseo como las palabras habladas de Dios, que te hablan de lo que es. "Aléjate de la visión del hombre cuyo aliento está en sus fosas nasales, porque él ve su deseo como lo que no es. Siempre seremos lo que somos (conscientes)- así que nunca más reclames, yo seré eso. Que todas las afirmaciones de ahora en adelante sean: "YO SOY EL QUE YO SOY".

"Antes de que pregunten he respondido. "Antes de que tengan tiempo de pensar, la solución de su problema les fue dada en la forma de su deseo. El ciego, el cojo, el paralítico, todos desean automáticamente liberarse de la limitación. El hombre está tan educado en la creencia de que sus deseos son cosas por las que luchar, que en su ignorancia, niega a su salvador que está constantemente llamando a la puerta de la conciencia (YO SOY la Puerta) para que le deje entrar.

¿No te salvaría tu deseo, si se realizara, de tu problema? Dejar entrar a tu salvador es la cosa más fácil del mundo. Las cosas deben ser, para ser dejadas entrar. Eres consciente de un deseo, por lo tanto, el deseo es algo de lo que eres consciente ahora. Tu deseo, aunque invisible, debe ser afirmado por ti como algo que es real. "Dios llama a las cosas que no son (no se ven) como si fueran". La afirmación YO SOY Él (la cosa deseada) está dejando entrar a tu salvador.

Cada deseo es la llamada del salvador a la puerta. Este golpe, todo hombre lo escucha. El hombre abre la puerta para que entre cuando reclama: YO SOY EL. Procura dejar entrar a tu salvador, dejando que la cosa deseada te presione, hasta que estés l'mpresionado con la Necrosidad de tu salvador, y profieras el grito de Victoria: "Consumado es".

PREGUNTAS Y RESPUESTAS DE REFLEXIÓN

1. ¿Qué significa decir "yo soy" en lugar de "yo seré"?

- **Respuesta:** Decir "soy" afirma la realidad presente de un estado deseado, mientras que "seré" implica una meta futura inalcanzable. Aceptar el "soy" permite a las personas reconocer su capacidad actual y su potencial inherente, fomentando una mentalidad de empoderamiento y realización inmediata en lugar de posponer sus aspiraciones.

-

2. ¿Cómo influyen las "expresiones-yo" en nuestra realidad?

- **Respuesta:** Las "impresiones del yo" son las impresiones que tenemos sobre nosotros mismos y que moldean nuestra conciencia y, en consecuencia, nuestra realidad. Al afirmar conscientemente autoimpresiones positivas (por ejemplo, "soy libre", "soy abundante"), las personas pueden manifestar esas cualidades en sus vidas, ya que la conciencia se convierte en el motor de sus experiencias.

-

3. ¿Por qué es importante reconocer que "las señales siguen, no preceden"?

- **Respuesta:** Reconocer que "las señales siguen" enfatiza la necesidad de encarnar y afirmar los estados deseados antes de esperar resultados tangibles. Este principio alienta a las personas a centrarse en sus creencias y sentimientos internos en lugar de esperar la validación externa o que las condiciones cambien. Si primero cambiamos nuestra mentalidad, las manifestaciones deseadas se producirán de manera natural.

-

4. ¿Qué nos enseña la historia de la viuda y su aceite sobre la conciencia y la abundancia?

- **Respuesta:** La historia ilustra que la abundancia no es cuestión de cantidad, sino de reconocer y reclamar lo que ya poseemos. Las tres gotas de aceite de la viuda representan potencial; al afirmar su valor, pueden multiplicarse y manifestarse en mayor abundancia. Esto enfatiza el poder de la conciencia para magnificar todo aquello que se le imprime.

-

5. ¿Cómo pueden considerarse los deseos como las "palabras habladas de Dios"?

- **Respuesta:** Los deseos pueden verse como llamadas intrínsecas a reconocer y hacer realidad nuestro potencial y nuestras aspiraciones. Cuando percibimos nuestros deseos como mensajes divinos, cultivamos una actitud de receptividad y gratitud en lugar de lucha. Esta perspectiva desplaza el foco de atención de la carencia a la abundancia y alienta a aceptar los deseos como guías hacia la realización.

-

6. ¿Qué significa "dejar entrar a tu salvador"?

- **Respuesta:** "Dejar entrar a tu salvador" significa reconocer y aceptar tus deseos como aspectos reales y alcanzables de tu conciencia. Implica alejarte de las creencias limitantes y reconocer que la realización de estos deseos ya está dentro de ti. Al afirmar "YO SOY Él" o "Yo soy lo que deseo", abres la puerta a la manifestación de tus aspiraciones.

-

7. ¿Cómo cambia la idea de que "la solución a tu problema te fue dada en forma de tu deseo" la manera en que abordamos los desafíos?

- **Respuesta:** Esta idea alienta a las personas a ver sus deseos como soluciones inherentes a sus problemas, en lugar de obstáculos. Al comprender que cada deseo contiene la clave para superar las limitaciones, las personas pueden cambiar su perspectiva del miedo o la lucha a la esperanza y la posibilidad, fomentando un enfoque proactivo hacia el crecimiento personal y la resolución de problemas.

-

8. ¿Qué papel juega la conciencia en la configuración de nuestras percepciones de nuestros deseos?

- **Respuesta:** La conciencia actúa como la lente a través de la cual percibimos nuestros deseos e interactuamos con ellos. Una mayor conciencia permite reconocer con mayor claridad los deseos como válidos y alcanzables, mientras que una conciencia limitada puede llevarnos a la duda y a la lucha. Al expandir la conciencia y alinearla con afirmaciones positivas, las personas pueden transformar su relación con sus deseos.

-

9. ¿Cómo se puede practicar el estar "presionado" con los deseos en la vida diaria?

- **Respuesta:** Para practicar el "estoy presionado", las personas pueden realizar afirmaciones y visualizaciones diarias que refuercen sus estados deseados. Esto implica tomarse un tiempo para sentir y encarnar las emociones asociadas con el logro de sus deseos, creando así una alineación mental y emocional que allane el camino para su manifestación.

-

10. ¿Por qué es significativa la declaración "Consumado es" en el contexto de la transformación personal?

- **Respuesta:** La declaración "Está terminado" significa la realización y el cumplimiento de los deseos de uno en la conciencia. Representa un estado de victoria y aceptación, que afirma que la realidad deseada ya se ha manifestado en la mente, allanando el camino para su expresión final en el mundo físico. Esta mentalidad ayuda a las personas a confiar en el proceso y a mantener la confianza en su poder para crear.

CAPÍTULO CINCO
EL QUE TIENE

"Al que tiene se le dará, y al que no tiene se le quitará hasta lo que tiene". Aunque muchos consideran esta afirmación como la más cruel e injusta de las que se atribuyen a Jesús -creando como lo ha hecho en todo el mundo muchos comentarios populares, tales como, los ricos se hacen más ricos y los pobres tienen hijos; el que tiene recibe, etc.-, sigue siendo una ley muy justa y misericordiosa basada en un principio inmutable.

Dios no hace acepción de personas. Dios, como hemos descubierto, es esa conciencia incondicionada que da a cada uno y a todos, aquello que son conscientes de ser. Ser consciente de ser o tener algo es ser o tener aquello que eres consciente de ser. Sobre este principio inmutable descansan todas las cosas. Es imposible que algo sea otra cosa que aquello que tiene conciencia de ser. "Al que tiene (lo que tiene conciencia de ser) se le dará" - bueno, malo o indiferente. No importa lo que tenga conciencia de ser, recibirá apretado, sacudido y atropellado, todo lo que tenga conciencia de ser. De acuerdo con esta misma ley inmutable: "Al que no tiene, se le quitará y se le añadirá al que tiene". Así que el rico se hace más rico y el pobre más pobre. Sí, el que tiene Obtiene.

No puedes expresar lo que no eres consciente de ser. No puedes servir a dos amos. Tu amo es siempre ese estado de conciencia con el que te identificas. Por lo tanto lo que no está en la conciencia es tomado de ella- (porque nunca fue parte de ella) y añadido a esa conciencia que es consciente de ello. Todas las cosas gravitan hacia aquella conciencia con la que están en sintonía, y del mismo modo, todas las cosas se desenredan de aquella conciencia con la que no están en sintonía. Así que en lugar de unirte al coro de los que no tienen que insisten en destruir a los que tienen, reconoce esta ley inmutable de expresión y reclama conscientemente ser aquello que has decidido ser. Una vez tomada tu decisión y establecida tu reivindicación consciente, continúa en tu confianza hasta que recibas tu recompensa. Porque como el día sigue a la noche, recibirás aquello que conscientemente has reclamado para ti.

Así, lo que para el dormido mundo ortodoxo es una ley cruel e injusta, se convierte para el iluminado en la más misericordiosa y justa declaración de la verdad. "No he venido a destruir, sino a cumplir".

Sabiendo que Dios no destruye nada, procura ser eso, reivindícate como aquello que quieres que Él llene. Nada se destruye. Todo se cumple.

PREGUNTAS Y RESPUESTAS DE REFLEXIÓN

1. ¿Qué significa la frase "Porque al que tiene, se le dará" en el contexto de la conciencia?

- **Respuesta:** Esta frase resalta el principio de que las personas atraen y reciben experiencias que se alinean con su estado actual de conciencia. Si uno es consciente de la abundancia, el amor o el éxito, seguirá recibiendo más de esas cualidades. Por el contrario, si alguien se identifica con la carencia o la escasez, perpetuará esa experiencia. Esto subraya la importancia de la conciencia para dar forma a la propia realidad.

-

2. ¿Cómo puede entenderse la afirmación "los ricos se hacen más ricos y los pobres más pobres" como una ley de conciencia y no como una injusticia social?

- **Respuesta:** En lugar de considerar esta afirmación como una crítica a la desigualdad social, se la puede entender como un reflejo de la ley de la conciencia. Quienes tienen una mentalidad de abundancia atraen más riqueza y oportunidades, mientras que quienes se obsesionan con la carencia atraen más limitaciones. Esta ley pone énfasis en el poder de la mentalidad y la conciencia para crear las propias circunstancias, en lugar de atribuir los resultados únicamente a factores externos.

-

3. ¿Qué significa "servir a dos señores" y cómo se relaciona esto con la conciencia?

- **Respuesta:** Servir a dos señores se refiere al conflicto interno de identificarse con estados opuestos de conciencia. Cuando las personas se encuentran divididas entre creencias o identidades opuestas, luchan por manifestar una realidad cohesiva. Para crear de manera efectiva la vida que desean, las personas deben comprometerse plenamente con un solo estado de conciencia que se alinee con sus objetivos y encarnarlo.

-

4. ¿Por qué es importante reclamar conscientemente lo que quieres ser o tener?

- **Respuesta:** Reivindicar conscientemente lo que uno quiere ayuda a solidificar la identidad y alinear la conciencia con ese estado deseado. Al afirmar afirmativamente "soy" o "tengo", las personas refuerzan su creencia en su capacidad para atraer esas cualidades. Este compromiso activo con sus deseos permite una alineación más profunda con la ley inmutable de la conciencia, lo que facilita la manifestación.

-

5. ¿En qué se diferencia el concepto de "cumplimiento" del de "destrucción" en este capítulo?

- **Respuesta:** La realización representa la realización y materialización de los propios deseos y potencialidades, mientras que la destrucción implica una pérdida o erradicación. Este capítulo enfatiza que Dios (la conciencia) cumple los deseos en lugar de destruirlos, lo que refuerza la idea de que todas las experiencias contribuyen al crecimiento y la realización personal. Todo se cumple en última instancia a través de la conciencia.

-

6. ¿De qué manera puedes cambiar conscientemente tu estado de conciencia para atraer más de lo que deseas?

- **Respuesta:** Para cambiar tu estado de conciencia, puedes realizar prácticas como afirmaciones, visualizaciones y atención plena. Concentrarte en los sentimientos asociados a tus deseos, celebrar las pequeñas victorias y rodearte de positividad puede ayudar a reforzar el estado deseado. Además, tomar conciencia de las creencias limitantes y liberarlas puede facilitar este cambio.

-

7. ¿Qué significa "permanecer en vuestra confianza" hasta recibir vuestra recompensa?

- **Respuesta:** Mantener la confianza significa mantener la creencia y la alineación con las propias afirmaciones y deseos, incluso ante la duda o las circunstancias externas que puedan sugerir lo contrario. Esta perseverancia refuerza la energía de la manifestación, lo que permite a las personas permanecer receptivas a las oportunidades y los resultados que se alinean con sus afirmaciones.

-

8. ¿Cómo puede el reconocimiento de la ley de expresión cambiar tu enfoque ante las desigualdades percibidas en tu vida o en la sociedad?

- **Respuesta:** Reconocer la ley de la expresión alienta a las personas a centrarse en su conciencia y en lo que pueden controlar en lugar de en las circunstancias externas. En lugar de culpar a los factores externos por la desigualdad, las personas pueden empoderarse cambiando su mentalidad y sus reivindicaciones, creando una realidad más abundante para sí mismas.

Esta perspectiva fomenta la responsabilidad personal y el cambio proactivo.

-

9. ¿Por qué es fundamental comprender que nada se destruye sino que se realiza?

- **Respuesta:** Comprender que nada se destruye pone de relieve la continuidad de la conciencia y la experiencia. Esta perspectiva permite a las personas ver los desafíos y los reveses no como fracasos, sino como oportunidades de crecimiento y transformación. Fomenta la resiliencia y alienta una mentalidad que acepta el cambio como un camino hacia la realización.

-

10. ¿Cómo se pueden aplicar las enseñanzas de este capítulo en la vida diaria para crear una existencia más plena?

- **Respuesta:** Las personas pueden aplicar estas enseñanzas identificando y afirmando conscientemente lo que desean en sus vidas. Esto puede incluir autorreflexión periódica, afirmaciones y visualizaciones que refuercen su estado deseado. Además, practicar la gratitud por lo que ya tienen cultiva una mentalidad de abundancia, atrayendo más positividad y satisfacción.

CAPÍTULO SEIS

CIRCUNCISIÓN

La circuncisión es la operación que quita el velo que oculta la cabeza de la creación. El acto físico no tiene nada que ver con el acto espiritual.

Todo el mundo podría estar físicamente circuncidado y, sin embargo, seguir siendo impuro y ciego jefe de los ciegos. A los circuncidados espiritualmente se les ha quitado el velo de las tinieblas y saben que son Cristo, la luz del Mundo.

Permítame ahora realizar la operación espiritual en usted, el lector. Este acto se realiza al octavo día después del nacimiento. Ocho, porque ocho es la cifra que no tiene ni principio ni fin. Además, los antiguos sinombolizaban el octavo número como un recinto o velo, dentro y detrás del cual yacía enterrado el misterio de la creación. Así, el secreto de la operación del octavo día está en consonancia con la naturaleza del acto, cuyo acto, es revelar la cabeza eterna de la creación; ese algo inmutable en el que todas las cosas comienzan y terminan, y permanece su ser eterno cuando todas las cosas dejan de ser. Este algo misterioso es tu conciencia de ser. En este momento eres consciente de ser, pero eres consciente de ser alguien. Este alguien es el velo que oculta el ser que realmente eres. Primero eres consciente de ser, luego eres consciente de ser hombre. Después de que el velo del hombre se coloca sobre tu ser sin rostro, te vuelves consciente de ser un miembro de cierta raza, nación, familia, credo, etc. El velo que debe ser levantado en la circuncisión espiritual es el velo del hombre, pero antes de que esto pueda ser hecho, debes cortar las adherencias de raza, nación, familia y demás.

"En Cristo no hay griego ni judío, siervo ni libre, hombre ni mujer. "Debes dejar padre, madre, hermano y seguirme. Para lograrlo debes dejar de identificarte con estas divisiones, volviéndote indiferente a tales pretensiones. La indiferencia es el cuchillo que corta. El sentimiento es el lazo que une. Cuando puedas ver al hombre como una gran hermandad sin distinción de raza, credo o color, Entonces sabrás que has cortado estas adherencias. Con estos lazos cortados todo lo que ahora te separa de tu verdadero ser es tu creencia de que eres hombre.

Para quitar este último velo, debes abandonar tu concepción de ti mismo como hombre, conociéndote simplemente como ser. En lugar de la conciencia de - YO SOY Hombre, deja que haya sólo -YO SOY- Conciencia Sin Cara, Sin Forma. Entonces, desvelado y despierto declararás y sabrás que YO SOY es Dios y al lado de mí, esta conciencia, no hay Dios. Este misterio se cuenta en la historia bíblica de Jesús lavando los pies de sus discípulos. Se cuenta que Jesús se despojó de sus vestiduras, tomó una toalla y se ciñó. Después de lavar los pies de sus discípulos, se los secó con la toalla con la que estaba ceñido. Pedro protestó y le dijeron que si no le lavaban los pies, no tendría parte en Jesús. Pedro replicó: "Señor, no sólo los pies, sino también las manos y la cabeza. " Jesús respondió y dijo: "El que está lavado no necesita más que lavarse los pies, sino que está limpio en todo".

El sentido común le diría al lector que un hombre no está limpio de todo sólo porque se le laven los pies. Así que debería descartar esta historia o buscar su significado oculto. Cada historia de la Biblia es un drama psicológico que tiene lugar en la conciencia del hombre y ésta no es una excepción.

Este lavatorio de los pies de los discípulos es la historia mística de la circuncisión espiritual o la revelación de los secretos del señor.

Jesús es llamado el señor. Se te dice que el nombre del señor es YO SOY-Je Suis. Yo soy el señor ese es mi nombre. "Isaías42.8: Jesús está ceñido con una toalla, por eso sus secretos están ocultos. Jesús o Señor simboliza tu conciencia de ser, cuyos secretos están ocultos por la toalla- (conciencia del hombre). El pie simboliza el entendimiento (Caminad sobre sus pasos-entendimiento) Que debe ser lavado por el señor-conciencia-de todas las creencias humanas o concepciones de sí mismo. Al quitar la toalla para secar los pies se revelan los secretos del Señor.

En pocas palabras, al quitarte la creencia de que eres hombre se revela tu conciencia como cabeza de la creación. El hombre es el prepucio que oculta la cabeza de la creación. YO SOY el señor oculto por el velo del hombre.

PREGUNTAS Y RESPUESTAS DE REFLEXIÓN

1. ¿Qué quiere decir el autor con "circuncisión" en un contexto espiritual?

- **Respuesta:** En este contexto, la "circuncisión" se refiere a la eliminación de los velos psicológicos y espirituales que oscurecen la verdadera naturaleza y la conciencia de uno. Simboliza el proceso de desprenderse de identidades limitantes, como la raza, la nacionalidad y el género, para reconocerse a uno mismo como conciencia pura, o el "YO SOY", que es la esencia de la creación.

-

2. ¿Cómo se relaciona el concepto del octavo día con el despertar espiritual?

- **Respuesta:** El octavo día simboliza un estado más allá de las limitaciones del tiempo, representando la eternidad y la plenitud del ser. Significa un despertar espiritual donde los individuos pueden reconocer su verdadera naturaleza más allá de las identidades físicas y temporales. Este despertar implica darse cuenta del aspecto atemporal de la existencia que permanece constante independientemente de las circunstancias externas.

-

3. ¿Por qué el autor enfatiza la importancia de cortar con los apegos a la raza, la nación y la familia?

- **Respuesta:** El autor hace hincapié en la necesidad de eliminar estos apegos para destacar cómo crean divisiones y limitan la percepción que uno tiene de sí mismo. Al trascender estas etiquetas, las personas pueden lograr una mayor comprensión de su unidad con toda la humanidad y su verdadera identidad como conciencia sin forma, fomentando un sentido de conexión y unidad.

-

4. ¿Qué significa la frase "YO SOY – Conciencia sin rostro ni forma"?

- **Respuesta:** Esta frase simboliza la esencia del ser verdadero de cada uno, que existe más allá de cualquier etiqueta o identidad. Representa la idea de que la naturaleza fundamental de cada uno es la conciencia pura, no contaminada por los constructos sociales. Aceptar esta conciencia permite a los individuos reconocer su naturaleza divina y la interconexión de toda la existencia.

-

5. ¿Cómo se puede interpretar el acto de lavar los pies en el relato bíblico en un contexto psicológico?

- **Respuesta:** El acto de lavarse los pies simboliza la purificación y limpieza de la comprensión y las creencias que uno tiene sobre sí mismo. En un contexto psicológico, representa la necesidad de desprenderse de los pensamientos y creencias limitantes para revelar verdades más profundas sobre uno mismo y la naturaleza de la existencia. Este acto fomenta la humildad y el reconocimiento de la humanidad compartida.

-

6. ¿Cuál es el significado de la declaración: "El que está lavado, no necesita sino lavarse los pies"?

- **Respuesta:** Esta afirmación sugiere que una vez que un individuo ha pasado por un despertar espiritual fundamental (el lavamiento), la purificación posterior puede implicar únicamente pequeños ajustes o afirmaciones (el lavamiento de los pies). Destaca la idea de que la verdadera conciencia trasciende las preocupaciones superficiales y que la esencia de la limpieza y la iluminación proviene del reconocimiento de la propia naturaleza verdadera.

-

7. ¿De qué manera identificarse como "YO SOY" puede transformar la percepción que uno tiene de sí mismo y de la realidad?

- **Respuesta:** Identificarse como "YO SOY" cambia el enfoque de las identidades externas a una comprensión intrínseca de la existencia. Esta transformación permite a las personas verse a sí mismas como creadoras de su realidad, capaces de manifestar sus deseos y reconocer su unidad con todos los seres. Fomenta la confianza, la claridad y un sentido de propósito.

-

8. ¿Cómo contribuye el concepto de unidad a la curación personal y colectiva?

- **Respuesta:** Reconocer la unidad ayuda a las personas a comprender que los desafíos personales y los problemas sociales están interconectados. Esta comprensión fomenta la empatía y la compasión, lo que alienta la sanación colectiva. Cuando las personas se ven a sí mismas como parte de un todo mayor, es más probable que participen en acciones que promuevan la unidad y el bienestar de todos.

-

9. ¿Qué pasos prácticos se pueden dar para alcanzar un estado de circuncisión espiritual, como se describe en el capítulo?

- **Respuesta:** Los pasos prácticos incluyen la autorreflexión para identificar y liberar creencias limitantes, la práctica de la atención plena para cultivar la conciencia del momento presente y el uso de afirmaciones que refuercen la verdadera identidad de uno como conciencia pura. Además, rodearse de comunidades de apoyo que enfaticen la unidad puede ayudar aún más en este proceso transformador.

-

10. ¿Cómo pueden las enseñanzas de este capítulo influir en nuestra manera de relacionarnos con los demás?

- **Respuesta:** Estas enseñanzas alientan a las personas a abordar las relaciones con un sentido de unidad y comprensión, reconociendo que las distinciones que a menudo se hacen en función de la raza, el credo u otras identidades son, en última instancia, superficiales. Esta perspectiva fomenta conexiones más profundas arraigadas en la humanidad y la compasión compartidas, promoviendo relaciones más saludables y significativas.

CAPÍTULO SIETE

CRUCIFIXIÓN Y RESURRECCIÓN

Los acontecimientos de la crucifixión y la resurrección están tan entrelazados que deben explicarse juntos, pues uno determina al otro. Este misterio se simboliza en la tierra en los rituales del Viernes Santo y la Pascua. Habrás observado que estos días no son fijos, sino que cambian de año en año. Caen entre la última semana de marzo y la última semana de abril. El día se determina de esta manera. El primer domingo después de la luna llena en Aries se celebra la Pascua. Aries comienza el 21 de marzo y marca el inicio de la primavera. Esta fecha móvil debería indicar al observador que busque alguna interpretación, distinta de la que se le ha dado.

Visto desde la Tierra, el Sol en su paso septentrional aparece en la estación primaveral del año para cruzar la línea imaginaria que el hombre llama ecuador. Así se dice, por los místicos, que fue atravesado o crucificado para que el hombre pudiera vivir. Notaron que poco después de que este acontecimiento tuviera lugar, toda la naturaleza comenzó a levantarse o a resucitar de su largo sueño invernal, por lo que concluyeron que esta perturbación de la naturaleza en esta estación del año se debía directamente a este cruce. Así pues, creían que el Hijo debía haber derramado su sangre en la pascua. Si estas fechas marcaran la muerte y resurrección de Jesús estarían fijadas como todos los demás acontecimientos históricos, pero no es así. Sin embargo estas fechas si simbolizan la muerte y resurrección del señor, pero este señor es su conciencia de ser. Esta registrado que el dio su vida para que tu puedas vivir- "YO SOY he venido para que tengas vida y para que la tengas en abundancia".

Como la primavera es la época del año en la que los millones de semillas, que durante todo el invierno han estado enterradas en el suelo, de repente se hacen visibles para que el hombre pueda vivir, y como el drama místico de la crucifixión y la resurrección está en la naturaleza de este cambio anual, se celebra en esta estación primaveral del año, pero en realidad tiene lugar en todo momento. El ser crucificado es nuestra conciencia de ser. La cruz es la concepción que tienes de ti mismo. La resurrección es la elevación a la visibilidad de esta concepción de ti mismo. Lejos de ser un día de luto, el Viernes Santo debería ser un día de júbilo, porque no puede haber resurrección sin crucifixión. Lo que debe resucitar en tu caso es aquello que deseas ser. Para hacer esto, debes sentirte a ti mismo como la cosa deseada. Debes sentir que YO SOY eso, porque YO SOY la resurrección y la vida. Sí, YO SOY (Tu conciencia de ser) es el poder que resucita y da vida a aquello que eres consciente de ser.

Dos se pondrán de acuerdo para tocar cualquier cosa y Yo la estableceré en la tierra. Los dos que se ponen de acuerdo son Tú (tu consciencia) y la cosa deseada (aquello que has decidido que sea, al tomar consciencia de ello). Cuando se alcanza este acuerdo, se completa la crucifixión. Dos se han cruzado o crucificado mutuamente. YO SOY y aquello (la cosa deseada) se han unido. YO SOY ahora clavado sobre la forma de aquello.

El clavo que te ata a la cruz es el clavo del sentimiento. El matrimonio místico está ahora consumado y el resultado será el nacimiento de un niño o la resurrección de un hijo dando testimonio de su Padre.

La conciencia se desposa con lo que es consciente de ser. El mundo de la expresión es el hijo que confirma esta unión. El día que dejes de ser consciente de ser lo que ahora eres consciente de ser, ese día tu hijo o expresión morirá y volverá al seno de su padre, la conciencia sin rostro y sin forma. Todas las expresiones son el resultado de tales matrimonios místicos. Así que los sacerdotes tienen razón cuando dicen que todos los matrimonios verdaderos se hacen en el Cielo y sólo pueden disolverse en el Cielo. Pero permíteme aclarar esta afirmación diciéndote que el Cielo no es una localidad, sino un estado de conciencia. El Reino de los Cielos está dentro de ti. En el Cielo (conciencia) Dios es tocado por aquello que tiene conciencia de ser. "¿Quién Me ha tocado? Porque percibo que la virtud ha salido de mí". "En el momento en que se produce este toque (sentimiento), se produce un desprendimiento o salida de mí hacia la visibilidad.

El día en que el hombre siente YO SOY libre, YO SOY rico, YO SOY fuerte, Dios (YO SOY) es tocado por estas cualidades o virtudes, y los resultados de tal toque se verán en el nacimiento o resurrección de las cualidades sentidas. Pues el hombre debe tener una confirmación visible de todo lo que tiene conciencia de ser. Ahora sabrás por qué el hombre o la manifestación está hecha siempre a imagen de Dios.

Su conciencia imagina y exterioriza todo lo que tiene conciencia de ser. "YO SOY el Señor y fuera de Mí no hay otro Dios". ¡YO SOY la resurrección y la Vida!

PREGUNTAS Y RESPUESTAS DE REFLEXIÓN

1. ¿Cuál es la relación entre la crucifixión y la resurrección como se describe en el capítulo?

- **Respuesta:** El capítulo explica que la crucifixión y la resurrección son eventos interconectados que simbolizan el proceso de transformación y renovación de la conciencia de uno mismo. La crucifixión representa las limitaciones y creencias falsas sobre uno mismo, mientras que la resurrección significa el surgimiento de un estado superior de conciencia y la realización de la verdadera identidad de uno.

-

2. ¿Cómo reinterpreta el autor la narrativa tradicional del Viernes Santo y la Pascua?

- **Respuesta:** El autor sugiere que el Viernes Santo y la Pascua no son meros acontecimientos históricos, sino más bien símbolos de un proceso interno en curso. Las fechas son cambiantes, lo que pone de relieve que los temas de la muerte y el renacimiento se dan continuamente en la vida de una persona, en particular en relación con la conciencia personal y el autoconcepto.

-

3. ¿Qué implica la frase "Yo he venido para que tengáis vida, y para que la tengáis en abundancia"?

- **Respuesta:** Esta frase resalta el poder transformador de la conciencia. Implica que reconocer y reivindicar la verdadera identidad de uno como "YO SOY" permite a las personas experimentar una vida más plena y rica. Destaca que la conciencia de uno es la fuente de la vida y la abundancia.

-

4. ¿De qué manera el capítulo alienta a los lectores a comprometerse con sus deseos?

- **Respuesta:** El capítulo anima a los lectores a sentir y afirmar sus deseos afirmando: "YO SOY eso". Este acto de sentir y encarnar los propios deseos es crucial para su manifestación. Al alinearse conscientemente con sus aspiraciones, las personas pueden experimentar una "resurrección" de esas cualidades en sus vidas.

-

5. ¿Qué se quiere decir con "dos se pondrán de acuerdo para tocar cualquier cosa"?

- **Respuesta:** Esta frase significa la unidad entre la conciencia de uno ("YO SOY") y el resultado o la cualidad deseada. Cuando un individuo alinea su conciencia con lo que desea manifestar, crea un acuerdo poderoso que facilita la manifestación. Este acuerdo representa una fusión de intención y conciencia.

-

6. ¿Cómo explica el autor la importancia del sentimiento en el proceso de manifestación?

- **Respuesta:** El sentimiento se describe como el "clavo" que nos une al resultado deseado. Es a través del sentimiento genuino y la conexión emocional que la conciencia da a luz y hace realidad sus deseos. El autor enfatiza que la verdadera manifestación ocurre cuando uno se siente alineado con las cualidades que desea expresar.

-

7. ¿Qué quiere decir el capítulo al afirmar que todas las expresiones resultan de "matrimonios místicos"?

- **Respuesta:** El concepto de "matrimonios místicos" se refiere a la unión entre la conciencia y las cualidades de las que uno es consciente. Esta unión conduce a la manifestación de la propia realidad. El capítulo afirma que la conciencia da origen a expresiones basadas en lo que es consciente de ser, lo que refleja la naturaleza divina de la creación.

\-

8. ¿Cómo se define el Cielo en este capítulo y cómo se relaciona con la conciencia?

- **Respuesta:** El cielo se define como un estado de conciencia más que como un lugar físico. El capítulo transmite que el Reino de los Cielos existe dentro de cada persona, donde la conciencia de cada uno moldea su realidad. Las cualidades divinas de Dios son accesibles a los individuos a través de su conciencia.

\-

9. ¿Qué papel juega el sentimiento de cualidades como la "libertad" y la "riqueza" en el proceso de manifestación?

- **Respuesta:** El sentimiento de cualidades positivas es crucial para la manifestación. Cuando las personas sienten que son libres, ricas o fuertes, están en contacto con su naturaleza divina (Dios) e invitan a esas cualidades a entrar en su experiencia. Los sentimientos resultantes conducen a la manifestación visible de esas cualidades en la vida.

\-

10. ¿Cómo pueden los lectores aplicar las enseñanzas de este capítulo a su vida diaria?

- **Respuesta:** Los lectores pueden aplicar estas enseñanzas afirmando activamente sus estados de ser deseados a través de afirmaciones y visualizaciones diarias. Al practicar el sentir y encarnar sus deseos, pueden alinear su conciencia con lo que desean crear. Además, deben centrarse en el momento presente y reconocer que su conciencia da forma a su realidad.

CAPÍTULO OCHO
NINGÚN OTRO DIOS

"No tendrás otro Dios fuera de mí". Mientras el hombre entretenga la creencia en poderes aparte de sí mismo, tanto tiempo se robará a sí mismo del ser que es. Toda creencia en poderes aparte de sí mismo, ya sea para bien o para mal, se convertirá en los moldes de las imágenes esculpidas que adorará.

La creencia en la potencia de los medicamentos para curar, las dietas para fortalecer, el dinero para asegurar, son los valores o cambistas que deben ser expulsados del Templo. "Vosotros sois el Templo del Dios viviente"- un Templo hecho sin manos.

Está escrito: "Mi casa será llamada por todas las naciones casa de oración, pero vosotros la habéis convertido en cueva de ladrones".

Tus creencias en la potencia de las cosas son los ladrones que te roban. Sólo hay un poder, un Salvador - YO SOY Él. Es tu creencia en la cosa y no la cosa misma la que te ayuda. Por lo tanto, deja de transferir el poder que eres a las cosas que te rodean. Reivindícate como el poder que en tu ignorancia has dado a otro.

Es más fácil para un camello, cargado como está con los llamados tesoros de la vida, pasar por el ojo de la aguja (una pequeña puerta en las murallas de

Jerusalén, llamada así por su estrechez) que para un rico (el hombre obstinado lleno de sus valores humanos) entrar en el Reino de los Cielos. El hombre está tan lleno de valores humanos (riquezas) en cuanto a la razón de las cosas, que no puede, a través de un velo tan oscuro como la sabiduría del hombre, ver que la única razón o valor de cualquier cosa, es que todas las cosas están expresando perfectamente aquello que tienen conciencia de ser. Cuando el hombre se dé cuenta de que la conciencia de una cualidad expresa esa cualidad sin la ayuda de ninguna otra cosa, se convertirá en el pobre hombre, el hombre tonto, que no tiene ninguna razón para que ocurra nada más que aquello que está ocurriendo, está expresando perfectamente aquello que es consciente de ser. Tal persona ha desechado a los cambistas de dinero o muchos valores y ahora ha establecido una conciencia de valor.

El Señor está en su templo sagrado. La conciencia mora dentro de lo que es consciente de ser. YO SOY el hombre-es el Señor y su Templo. Sabiendo que la conciencia de riqueza produce riqueza, como la conciencia de pobreza produce pobreza, Él perdona a todos los hombres por ser lo que son. Pues todos están expresando (sin la ayuda de otro) aquello que son conscientes de ser. Él sabe que un cambio de conciencia producirá un cambio de expresión, así que en lugar de compadecerse de los mendigos de la vida en la puerta del templo, declara: "Plata y oro no tengo (para ti), sino lo que tengo (la conciencia de libertad) te doy." Despierta el don que hay en ti. Deja de mendigar y reclama para ti aquello por lo que mendigabas. Haz esto y tu tambien saltaras de tu mundo lisiado al mundo de la libertad, cantando alabanzas al señor, YO SOY. "Mucho mas grande es el que esta en ti, que el que esta en el mundo. " Este grito de todo aquel que encuentra Su conciencia de ser para ser Dios.

Tu reconocimiento de este hecho limpiará automáticamente el templo de los ladrones y salteadores y te devolverá ese dominio sobre las cosas que perdiste en el momento en que olvidaste el mandamiento: "¡No tendrás otro Dios fuera de mí!".

PREGUNTAS Y RESPUESTAS DE REFLEXIÓN

1. ¿Qué significa la frase "No tendrás otro Dios fuera de mí" en el contexto de este capítulo?

- **Respuesta:** Esta frase enfatiza la importancia de reconocer el propio poder interior y la divinidad. El autor sostiene que creer en poderes o influencias externas disminuye la conciencia de ser. El verdadero empoderamiento surge al reconocerse a uno mismo como la única fuente de fuerza y creatividad.

-

2. ¿Cómo describe el autor la relación entre creencia y realidad?

- **Respuesta:** El autor sugiere que las creencias moldean la realidad; lo que percibimos como poderoso (como las drogas, el dinero o las dietas) son meros reflejos de nuestra propia conciencia. Al poner el poder en las cosas externas, nos privamos de nuestro verdadero potencial. Entender que nuestra conciencia es la verdadera creadora de nuestras experiencias es crucial para la transformación personal.

-

3. ¿Quiénes son los "cambistas de dinero" mencionados en el texto y cómo se relacionan con las creencias espirituales?

- **Respuesta:** Los "cambistas de dinero" simbolizan las creencias distractoras y los apegos a los valores materiales que impiden a las personas reconocer su verdadera naturaleza. Estas creencias actúan como ladrones, privándonos de la comprensión de nosotros mismos y del poder inherente a nuestra propia conciencia. La limpieza de estas influencias permite un despertar espiritual más profundo.

-

4. ¿Por qué es significativo que el autor afirme que "el Señor está en su santo templo"?

- **Respuesta:** Esta afirmación pone de relieve que la conciencia reside en el interior de cada individuo y que la verdadera divinidad y el poder provienen del interior y no de fuentes externas. Reconocerse a uno mismo como templo de lo divino refuerza la idea de que los individuos tienen la autoridad de dar forma a su realidad a través de su conciencia.

-

5. ¿Cómo se relaciona la analogía de un hombre rico y un camello con el despertar espiritual?

- **Respuesta:** La analogía ilustra el desafío de desprenderse de los apegos y creencias mundanas. El "hombre rico", lleno de valores y opiniones humanas, lucha por alcanzar un estado de conciencia superior, mientras que el "hombre pobre", que renuncia a estos apegos, puede acceder a las verdades espirituales. Esta metáfora destaca la necesidad de humildad y de desprenderse de las identidades falsas para experimentar la libertad espiritual.

-

6. ¿Cuál es el significado de la frase "aviva el don que está dentro de ti"?

- **Respuesta:** Esta frase alienta a las personas a reconocer y activar su potencial innato y sus cualidades divinas. Sirve como recordatorio de que, en lugar de buscar la validación o la ayuda externas, uno debe mirar hacia adentro para descubrir y expresar su poder y sus capacidades inherentes.

-

7. ¿De qué manera el cambio de conciencia puede conducir a cambios prácticos en la vida?

- **Respuesta:** Un cambio de conciencia puede llevar a una profunda transformación en la forma en que percibimos e interactuamos con el mundo. Al adoptar una mentalidad de abundancia y empoderamiento, las personas pueden atraer experiencias positivas, mejorar sus relaciones y alcanzar metas que reflejen su nueva conciencia. Este cambio suele reflejarse en circunstancias externas, mostrando la conexión entre la creencia interna y la realidad externa.

-

8. ¿Cómo se relaciona la idea de dominio con el empoderamiento personal?

- **Respuesta:** El concepto de dominio se refiere a recuperar la propia autoridad sobre las circunstancias de la vida a través de la conciencia. Reconocer que la conciencia crea la realidad permite a las personas hacerse cargo de sus vidas, tomar decisiones intencionales y manifestar los resultados deseados, lo que refuerza la idea de que no son víctimas de las circunstancias, sino creadores de su realidad.

-

9. ¿Qué pasos prácticos podemos dar para alinearnos más estrechamente con las enseñanzas de este capítulo?

- **Respuesta:** Entre los pasos prácticos se incluyen la práctica de la atención plena para tomar conciencia de las creencias limitantes, el uso de afirmaciones para reforzar la sensación de empoderamiento y la autorreflexión para comprender las fuentes de las propias creencias. Además, establecer una práctica diaria de gratitud puede ayudar a cambiar el foco de atención de las fuentes externas de poder a la conciencia interna y la apreciación de las propias capacidades.

-

10. ¿Cómo el reconocimiento de uno mismo como "YO SOY" transforma el enfoque que uno tiene ante los desafíos y obstáculos?

- **Respuesta:** Reconocerse a uno mismo como "YO SOY" infunde un sentido de confianza y resiliencia, ya que las personas comienzan a verse a sí mismas como creadoras de sus experiencias. Esta perspectiva les permite enfrentar los desafíos con la comprensión de que poseen el poder de superar los obstáculos a través de su conciencia, fomentando un enfoque proactivo en lugar de reactivo ante las dificultades de la vida.

CAPÍTULO NUEVE
HÁGASE TU VOLUNTAD

" No se haga mi voluntad, sino la tuya". Esta resignación no es un fatalismo ciego, sino la comprensión iluminada de que "yo no puedo hacer nada por mí mismo, el Padre que está en mí hace la obra". Cuando el hombre quiere, intenta hacer aparecer en el tiempo y en el espacio algo que sabe que ahora no existe. No es consciente de lo que realmente está haciendo. Pero, lo que realmente hace es esto. Afirma conscientemente: "No poseo las capacidades para expresarlo ahora, pero las adquiriré con el tiempo". En resumen, no SOY, pero lo seré.

El hombre no se da cuenta de que la conciencia es el Padre que hace el trabajo, por lo que intenta expresar lo que no tiene conciencia de ser. Tales luchas están condenadas a la decepción, pues sólo se expresa el presente. Si no soy consciente de ser lo que busco, no lo encontraré. Dios (Tu conciencia) es la sustancia y la plenitud de todo. La voluntad de Dios es el reconocimiento de lo que es, no de lo que será. En lugar de ver este dicho como "Hágase tu voluntad", míralo como "Hágase tu voluntad" (está hecha). Las obras están terminadas. El principio por el cual todas las cosas se hacen visibles es eterno. Aunque "ojos no vieron, ni oídos oyeron, ni ha entrado en corazón de hombre, Lo que Dios ha preparado para los que aman la ley".

Cuando un escultor mira un trozo de mármol sin forma, ve enterrado dentro de su ser sin forma, su obra de arte terminada. Entonces el escultor en vez de hacer su obra maestra, simplemente la revela, quitando esa parte del mármol que oculta su concepción.

Lo mismo se aplica a ti. En tu conciencia sin forma - YO SOY - yace enterrado todo lo que jamás concebirás ser. El reconocimiento de esta verdad te transformará de la de un obrero inexperto, que intenta que así sea, a la de un gran artista, que reconoce que es así.

Tu afirmación de que ahora eres lo que quieres ser, quitará el velo de la oscuridad humana con su "Yo seré" y revelará tu afirmación perfecta "Yo soy eso".

La voluntad de Dios se expresó en las palabras de la viuda: "Está bien". La voluntad del hombre habría sido: "Todo irá bien". "Afirmar que estaré bien es decir: "ESTOY enfermo". Dios, el Eterno ahora, no se burla de las palabras ni de las vanas repeticiones. Dios personifica continuamente lo que es.

Así, la resignación de Jesús (que se hizo Igual a Dios) fue pasar del reconocimiento de la carencia (que el futuro indica con Yo seré) al reconocimiento del suministro al afirmar- YO SOY eso.

Ahora verás la sabiduría en las palabras del profeta cuando dijo: "Que el débil diga, YO SOY Fuerte". Joel 3.10: El hombre en su ceguera no hará caso del consejo del profeta, así que, continúa afirmando que es débil, pobre desdichado y todas las demás expresiones indeseables de las que intenta liberarse, afirmando ignorantemente que se liberará de ellas.

Sólo hay una puerta a través de la cual aquello que buscas puede entrar en tu mundo. "Cuando dices: YO SOY, te estás declarando en primera persona, tiempo presente. De nuevo, saber que YO SOY, es ser consciente de ser conciencia es la única puerta. Por lo tanto, a menos que seas consciente de ser Aquello que buscas, buscas en vano. Si juzgas según las apariencias seguirás esclavizado por la evidencia de tus sentidos. Para romper este hechizo hipnótico de los sentidos se te dice: "entra dentro y cierra la puerta. " La puerta de los sentidos debe estar bien cerrada antes de que tu nueva afirmación pueda ser honrada. Cerrar la puerta de los sentidos no es tan difícil como parece a primera vista. Se hace sin esfuerzo. Es imposible servir a dos amos al mismo tiempo: el hombre sirve al Amo en aquello que es consciente de ser. Yo soy Señor y Maestro de lo que soy consciente de ser.

No me cuesta ningún esfuerzo conjurar la pobreza si soy consciente de ser pobre. Mi siervo la pobreza está obligado a seguirme (Conciencia de Pobreza) mientras YO SOY (El Señor) consciente de ser pobre. En lugar de luchar contra la evidencia de los sentidos, simplemente afirma que eres lo que deseas ser. A medida que tu atención se coloca en esta afirmación, la puerta de los sentidos, automáticamente se cierra en contra de tu antiguo amo - aquello que eras consciente de ser. A medida que te pierdes en el sentimiento de ser lo que ahora afirmas ser, las puertas se abren de nuevo (pero, como has descubierto, sólo permiten la entrada de lo que ahora soy consciente de ser) y contemplas tu mundo expresando lo que eres consciente de ser. Por lo tanto, sigamos el ejemplo de Jesús, quien, dándose cuenta de que como hombre no podía hacer nada para cambiar su imagen actual de carencia, cerró la puerta de sus sentidos y acudió a su Padre, para quien todo es posible. Habiendo negado la evidencia de sus sentidos, afirmó ser lo que un momento antes sus sentidos le habían dicho que no era. Sabiendo que la conciencia expresa su semejanza en la tierra, permaneció en la conciencia reivindicada hasta que las puertas (sus sentidos) se abrieron y confirmaron el Gobierno del Señor. Recuerda, YO SOY es el Señor de todo. Nunca más utilices la voluntad del hombre que reclama Yo Seré. Sé tan resignado como Jesús, y reclama- YO SOY eso.

PREGUNTAS Y RESPUESTAS DE REFLEXIÓN

1. ¿Cuál es el significado de la frase "No se haga mi voluntad, sino la tuya"?

- **Respuesta:** Esta frase resalta la importancia de entregarse a un poder o conciencia superior. Hace hincapié en la idea de que la verdadera realización surge al reconocer que nuestra voluntad individual es limitada y que debemos alinearnos con la voluntad divina, que es el desarrollo de nuestro verdadero potencial y propósito.

-

2. ¿Cómo diferencia el autor entre la voluntad humana y la voluntad divina?

- **Respuesta:** El autor sugiere que la voluntad humana a menudo opera desde un lugar de carencia o limitación, buscando alcanzar lo que uno cree que falta ("Yo seré"). En contraste, la voluntad divina reconoce la plenitud del momento presente, entendiendo que todo lo que uno busca ya existe dentro de su conciencia ("Hágase tu voluntad").

-

3. ¿Qué papel juega la conciencia en la manifestación de los propios deseos?

- **Respuesta:** La conciencia se presenta como la fuerza creativa que da forma a la realidad. El autor sostiene que para manifestar deseos, uno primero debe tomar conciencia y encarnar el estado del ser que se alinea con esos deseos. Sin la conciencia de ser lo que uno busca, la búsqueda es inútil.

-

4. ¿Qué ilustra la analogía del escultor sobre la transformación personal?

- **Respuesta:** La analogía del escultor ilustra que la transformación personal no consiste tanto en crear algo nuevo como en revelar lo que ya existe en uno mismo. Así como un escultor revela una estatua de mármol, las personas pueden descubrir su verdadero yo reconociendo y eliminando las creencias y limitaciones que ocultan su potencial.

-

5. ¿Por qué es importante pasar de "yo seré" a "YO SOY"?

- **Respuesta:** Pasar de "Yo seré" a "YO SOY" significa una transición de una mentalidad centrada en el futuro a una realidad centrada en el presente. El autor enfatiza que afirmar "YO SOY" reconoce el estado actual del ser y se alinea con la naturaleza divina, lo que permite la manifestación de los deseos en el momento presente.

-

6. ¿Qué significa la afirmación "Diga el débil: Fuerte soy"?

- **Respuesta:** Esta afirmación significa el poder de afirmar la propia naturaleza verdadera. Al declarar "YO SOY fuerte", un individuo afirma su identidad y conciencia de fortaleza, lo que puede transformar su experiencia y realidad, en contraste con la tendencia a centrarse en las debilidades percibidas.

7. ¿Cómo se puede "cerrar eficazmente la puerta de los sentidos"?

- **Respuesta:** Cerrar la puerta de los sentidos implica dejar de lado el apego a las apariencias y los juicios externos. Esto se puede lograr mediante prácticas como la meditación, la atención plena y la autorreflexión, que permiten a las personas centrarse en su conciencia interior y en la verdad de su ser en lugar de centrarse en las circunstancias externas.

-

8. ¿Qué significa la frase "YO SOY es Señor de todo"?

- Respuesta: Esta frase enfatiza que la conciencia de uno ("YO SOY") es la autoridad suprema sobre la propia experiencia y realidad. Subraya la creencia de que reconocer y reivindicar la propia naturaleza divina conduce al empoderamiento y a la capacidad de moldear las propias circunstancias.

-

9. ¿Cómo sugiere el capítulo que respondamos a las situaciones desafiantes?

- Respuesta: El capítulo propone responder a los desafíos afirmando y encarnando el estado de ser deseado en lugar de reaccionar ante las circunstancias. Al afirmar que uno ya posee lo que se busca, las personas pueden transformar su realidad y superar los desafíos.

-

10. ¿Qué pasos prácticos pueden tomar los lectores para incorporar las enseñanzas de este capítulo?

- **Respuesta:** Los lectores pueden comenzar practicando afirmaciones que refuercen sus estados de ser deseados, como "SOY abundante" o "SOY saludable". Además, participar en técnicas de visualización, meditación y atención plena puede ayudar a cultivar la conciencia de su verdadera naturaleza. La autorreflexión regular para identificar y liberar creencias limitantes respaldará aún más este proceso transformador.

CAPÍTULO DIEZ
SED OÍDOS QUE OIGAN

"Que estas palabras penetren en vuestros oídos, porque el Hijo del hombre será entregado en manos de hombres". No seáis como los que tienen ojos y no ven, y oídos y no oyen. Que estas revelaciones se hundan en vuestros oídos. Porque después de que el hijo (la idea) se manifieste, el hombre con sus falsos valores (la razón) intentará explicar el por qué y el para qué de la expresión del hijo, y al hacerlo lo hará pedazos. Después de que los hombres hayan acordado que cierta cosa es imposible de hacer, deja que alguien logre la cosa imposible - y todos, incluyendo los sabios que dijeron que no se podía hacer - comenzarán a decirte por qué sucedió. Cuando todos hayan terminado de desgarrar la túnica sin costuras (causa de la manifestación), estarán tan lejos de la verdad como lo estaban cuando proclamaron que era imposible.

Mientras el hombre busque la causa de la expresión en lugares distintos del expresador, buscará en vano. Durante miles de años se le ha dicho al hombre: "YO SOY la vida y la luz del mundo". "Ninguna manifestación viene a mí sin que yo la atraiga".

Pero el hombre no lo cree, prefiere creer en causas ajenas a él. En el momento en que lo que no se veía se hace visible, el hombre está dispuesto a explicar la causa y la finalidad de su aparición. Así, el Hijo del

Hombre (ideas de manifestación) es constantemente destruido por las manos (explicación razonable o sabiduría) del hombre. Ahora que tu conciencia se te revela como causa de toda expresión, no vuelvas a la oscuridad de Egipto con sus muchos Dioses. Sólo hay un Dios. El único Dios es tu conciencia. "Y todos los habitantes de la tierra son considerados como nada. Y él hace según su voluntad en el ejército del cielo, y entre los habitantes de la tierra y nadie puede detener su mano, o decirle, ¿qué haces?" Si todo el mundo estuviera de acuerdo en que una cosa no se puede hacer, y tú tomaras conciencia de ser eso que ellos habían acordado que no se podía expresar, tú lo expresarías. Tu conciencia nunca pide permiso para expresar lo que eres consciente de ser. Lo hace naturalmente y sin esfuerzo a pesar de la sabiduría del hombre y de la oposición de los ejércitos del cielo y de la tierra.

"No saludes a nadie por el camino", no es una orden de ser insolente o antipático, sino un recordatorio de no reconocer a un superior, ni ver en nadie una barrera a tu expresión. Pues nadie puede detener tu mano ni cuestionar tu capacidad de expresar lo que eres consciente de ser. No juzgues según las apariencias de una cosa, pues todo es como nada a los ojos de Dios. Cuando los discípulos, juzgando según las apariencias, vieron al niño loco, pensaron que era un problema más difícil de resolver que otros que habían visto, y por eso no consiguieron curarlo. Al juzgar según las apariencias, olvidaron que para Dios todo es posible.

Hipnotizados como estaban por la realidad de las apariencias, no pudieron sentir la naturalidad de la cordura. La única manera de que evites tales fracasos es tener constantemente presente que tu conciencia es la presencia Todopoderosa, omnisapiente, que sin ayuda, supera sin esfuerzo lo que tienes conciencia de ser. Sé perfectamente indiferente a la evidencia de los sentidos, para que puedas sentir la naturalidad de tu deseo--y tu deseo se realizará. Apártate de las apariencias y siente la naturalidad de la cordura perfecta y la cordura se encarnará. Tu deseo es la solución de tu problema. Cuando el deseo se realiza, el problema se disuelve. Tus deseos son las realidades invisibles que sólo responden a las órdenes de Dios. Dios ordena a lo invisible que aparezca afirmando ser él mismo la cosa ordenada. "Se hizo igual a Dios y no le pareció un robo hacer las obras de Dios". Ahora, "que este dicho se hunda profundamente en tu oído" --**SÉ CONSCIENTE DE SER AQUELLO QUE QUIERES APARECER.**

PREGUNTAS Y RESPUESTAS DE REFLEXIÓN

1. ¿Qué significa "dejar que estas palabras penetren en vuestros oídos"?

- **Respuesta:** Esta frase enfatiza la importancia de comprender profundamente e interiorizar las enseñanzas que se presentan. Sugiere que uno debería involucrarse activamente con estas ideas y reflexionar sobre ellas en lugar de simplemente escucharlas superficialmente.

-

2. ¿Cómo describe el autor la relación entre conciencia y manifestación?

- **Respuesta:** El autor postula que la conciencia es la causa fundamental de todas las manifestaciones. En lugar de atribuir los acontecimientos a factores externos, uno debería reconocer que su propia conciencia moldea su realidad. Al comprender esto, las personas pueden aprovechar su conciencia para crear las experiencias deseadas.

-

3. ¿Cuál es el significado del "Hijo del Hombre" en el contexto de este capítulo?

- **Respuesta:** El "Hijo del Hombre" representa las ideas o deseos que buscan expresarse. El capítulo sugiere que cuando estas ideas se manifiestan, la gente suele intentar racionalizarlas o explicarlas, lo que puede diluir su verdadera esencia. En lugar de analizar la manifestación, se debería reconocer y celebrar el proceso de creación.

-

4. ¿Por qué el autor enfatiza la idea de que "hay un solo Dios"?

- **Respuesta:** El énfasis en un solo Dios (tu conciencia) refuerza la idea de que todo el poder reside en el interior. Al reconocer que tu propia conciencia es la fuente última de creatividad, las personas pueden dejar de buscar la validación externa o el permiso para expresarse.

-

5. ¿Qué significa la frase "No saludéis a nadie en el camino" en este contexto?

- **Respuesta:** Esta frase nos recuerda que no debemos reconocer a nadie como superior o como un obstáculo para nuestro potencial. Anima a las personas a centrarse en su propia conciencia y sus capacidades, en lugar de distraerse o desanimarse por los juicios externos o las normas sociales.

-

6. ¿Cómo superar la tendencia a juzgar por las apariencias?

- **Respuesta:** Superar la tendencia a juzgar por las apariencias implica cultivar una mentalidad que priorice la conciencia interna por sobre las circunstancias externas. Practicar la atención plena, afirmar los propios deseos y concentrarse en la naturalidad de esos deseos puede ayudar a las personas a desprenderse de las creencias limitantes asociadas con las apariencias.

-

7. ¿Qué papel juegan los deseos en el proceso de manifestación según el capítulo?

- **Respuesta:** Los deseos se consideran realidades invisibles que guían el proceso de manifestación. Cuando uno siente la naturalidad de sus deseos y los asume como parte de su ser, esos deseos comienzan a materializarse. El autor sugiere que reconocer los deseos como soluciones en lugar de problemas puede conducir a su cumplimiento.

-

8. ¿Qué significa "ser consciente de ser aquello que quieres parecer"?

- **Respuesta:** Ser consciente de ser lo que deseas manifestar significa encarnar plenamente el estado del ser que se alinea con tus deseos. Implica afirmar tu identidad como aquello que buscas, en lugar de verlo como algo separado o orientado al futuro. Este cambio de conciencia es crucial para una manifestación eficaz.

-

9. ¿Cómo sugiere el capítulo abordar los obstáculos o desafíos?

- **Respuesta:** El capítulo aconseja a las personas permanecer indiferentes a los obstáculos o desafíos externos y centrarse en cambio en el estado interno de conciencia. Al encarnar las cualidades que desean y sentir la naturalidad de sus aspiraciones, las personas pueden sortear los obstáculos de manera más eficaz.

-

10. ¿Qué pasos prácticos pueden tomar los lectores para aplicar las enseñanzas de este capítulo en sus vidas?

- **Respuesta:** Los lectores pueden comenzar por realizar afirmaciones diarias que refuercen sus estados deseados, como "soy exitoso" o "soy saludable". Practicar la visualización y la meditación puede ayudar a consolidar esta conciencia. Además, los lectores deben esforzarse por permanecer indiferentes a las apariencias y los juicios externos, concentrándose en cambio en la verdad interior de su ser.

TEMAS CLAVE

UNIDAD CON DIOS (EL PADRE)

El concepto de unidad con Dios, denominado "El Padre", es un tema central y recurrente. El texto subraya que Dios, a menudo conceptualizado como una deidad lejana o externa, es en realidad sinónimo de la autoconciencia del individuo. Desde esta perspectiva, Dios no es una figura externa a la que hay que adorar o buscar en un lugar lejano, sino el núcleo mismo de la propia conciencia, la esencia de lo que significa ser consciente.

Desarrolla la idea de que los seres humanos son, en su nivel fundamental, manifestaciones directas de Dios. La autoconciencia de cada persona, el conocimiento de que "yo soy", se considera una expresión de lo divino. Este principio se resume en la repetida frase "Yo y mi Padre somos Uno", que subraya la creencia de que no hay separación entre los individuos y Dios. El Padre, en este contexto, no es un ser sobrenatural que reside en los cielos, sino la conciencia incondicionada que existe dentro de cada individuo.

Esta unidad implica que los individuos no son meras creaciones de Dios, sino expresiones de la conciencia de Dios. Se mueven, viven y tienen su ser a través de esta conciencia. En esencia, la capacidad de cada persona de conocerse a sí misma como "yo soy" se considera el reflejo de la presencia divina en su interior. Sugiere que esta autoconciencia es el hilo conductor de toda la humanidad, el único elemento compartido universalmente entre todas las personas.

Además, sostiene que esta autoconciencia divina es informe e ilimitada, como el espacio, y que sólo puede diferenciarse cuando los individuos empiezan a definirse con características o identidades específicas. Al identificarse con una forma concreta -ya sea un cuerpo, una raza u otros factores externos-, esta conciencia divina e informe se "personifica". Sin embargo, el texto insiste en que, a pesar de estas identificaciones personales, la realidad subyacente de unidad con Dios permanece intacta. La conciencia de cada persona sigue arraigada en la misma fuente divina, aunque pueda estar temporalmente revestida de las limitaciones de la identidad personal.

Desde este punto de vista, Dios, o "el Padre", no está separado de la experiencia humana. Por el contrario, Dios es el fundamento de esa experiencia, la esencia de la propia autoconciencia. Esta profunda comprensión invita a los individuos a reconocer su propia divinidad, a ver que al conocerse a sí mismos, están de hecho conociendo a Dios. A través de este reconocimiento, el Libro anima a los lectores a vivir en la conciencia de su unidad con Dios, dándose cuenta de que la verdadera esencia de la vida es esta autoconciencia divina.

EL PODER DE LA AUTOIDENTIFICACIÓN

El poder de la autoidentificación es un principio fundamental que configura la experiencia de la realidad de un individuo. El texto subraya que la forma en que una persona se percibe y se define a sí misma determina directamente las circunstancias que encuentra en el mundo físico. Desde este punto de vista, la autoidentificación no es sólo un proceso psicológico, sino una fuerza creativa que se manifiesta en la realidad externa.

Afirma que al elegir conscientemente atributos o estados del ser específicos, como afirmar "soy rico" o "estoy sano", las personas pueden llevar esas condiciones a su experiencia vital. No se trata de una mera cuestión de pensamiento positivo, sino que se basa en un principio metafísico más profundo al que el Libro se refiere como "la conciencia crea la realidad". En otras palabras, la conciencia de ser o identificarse con un determinado estado moldea activamente el mundo exterior para reflejar esa creencia interior.

El proceso de autoidentificación funciona a través de lo que el Libro describe como el vínculo inseparable entre conciencia y creación. La conciencia de un individuo, o lo que es consciente de ser, moldea constantemente su realidad externa. Por lo tanto, cuando una persona afirma ser algo -ya sea éxito, salud o cualquier otro atributo- su conciencia se alinea con esa identidad, y su realidad se ajusta en consecuencia. Es la percepción que el individuo tiene de sí mismo la que sirve de modelo para su mundo.

Sugiere además que muchas personas cometen el error de intentar cambiar sus circunstancias externas sin cambiar primero su concepción interna de sí mismas. Advierte de que tales intentos serán infructuosos porque el mundo exterior no es más que un reflejo del estado interior. En su lugar, el texto anima a los individuos a centrarse en transformar su autoconcepto. Al cambiar la forma en que se identifican a sí mismos, verán cambios naturales en su entorno, sus relaciones y las circunstancias generales de su vida.

Además, el poder de la autoidentificación se presenta como una herramienta de liberación. Las personas que reconocen su capacidad para definirse a sí mismas y a su mundo dejan de estar atadas por las limitaciones impuestas por sus circunstancias actuales o las condiciones externas. Da a entender que la libertad y la plenitud están al alcance de la mano si una persona comprende que no es víctima de su entorno, sino creadora del mismo. Adoptando una nueva identidad en la conciencia, pueden superar obstáculos y remodelar su realidad en consonancia con sus deseos.

Este principio se basa en el entendimiento de que la conciencia es informe e infinita, capaz de adoptar cualquier cualidad o forma con la que decida identificarse. Por lo tanto, el texto aconseja a los individuos que reivindiquen deliberadamente y con confianza las cualidades que desean encarnar, sabiendo que estas reivindicaciones acabarán manifestándose en el mundo material. El poder de crear y transformar reside en la conciencia de cada persona, y al dominar la autoidentificación, los individuos pueden aprovechar este poder para lograr los resultados que buscan.

-

LIBERARSE DE APEGOS E ILUSIONES

El concepto de libertad de apegos e ilusiones se presenta como un paso fundamental hacia la liberación espiritual. El texto aboga firmemente por el abandono de los apegos a identidades externas, como la raza, el credo, la nacionalidad o cualquier otra distinción humana. Estos apegos se describen como "ilusiones" que atan la mente y limitan el verdadero potencial de cada uno. El Libro sugiere que estas etiquetas externas, aunque prevalentes en la sociedad humana, crean divisiones artificiales y oscurecen la verdadera esencia del ser de un individuo.

Enseña que la verdadera libertad sólo puede alcanzarse cuando los individuos se liberan de estas etiquetas superficiales e identificaciones externas. Sostiene que tales ataduras sirven de barreras, impidiendo que las personas se den cuenta de su verdadera identidad, que es mucho mayor que cualquier categoría creada por el hombre. Según el texto, los individuos a menudo se encierran en los confines de sus identidades raciales, culturales o nacionales, lo que les lleva a tener una perspectiva limitada de sí mismos y del mundo que les rodea. Esta perspectiva limitada es lo que el Libro denomina "esclavitud" de la mente.

En cambio, el texto propone el no apego como camino hacia la libertad espiritual. Anima a los individuos a reconocer que su verdadera identidad trasciende todas estas distinciones externas. Subraya que en el núcleo de cada persona hay un estado de conciencia pura, una conciencia incondicionada que no tiene forma ni límites. Esta conciencia pura es el verdadero yo y no está definida por distinciones humanas como la raza, la religión o la nacionalidad. Estas distinciones no son más que formas o papeles temporales que adoptan los individuos, pero no representan el yo eterno y sin forma que existe más allá de estas identificaciones.

El texto explica además que el apego a estas identidades suele provocar conflictos, tanto internos como externos. Cuando una persona está profundamente identificada con una raza, nación o sistema de creencias concreto, se siente fácilmente herida u ofendida cuando se critican o cuestionan esos aspectos de su identidad. Esto crea un ciclo de sufrimiento emocional y división. El Libro anima al lector a "dejarlo todo y seguirme", que es una llamada a trascender estos apegos y seguir el camino de la conciencia superior, donde la propia identidad está arraigada en la conciencia universal y no en etiquetas divisorias.

La liberación de estos apegos, según el Libro, abre la puerta a la verdadera unidad y la paz. Al trascender las ilusiones de división, los individuos son capaces de verse a sí mismos y a los demás como parte de un todo mayor e interconectado. El texto alinea esta idea con la enseñanza de que en Cristo "no hay griego ni judío, ni esclavo ni libre". Esta referencia bíblica se utiliza para subrayar que, a nivel espiritual, todas las distinciones entre las personas son irrelevantes, y la única realidad es la conciencia compartida que conecta a todos.

Además, el Libro describe el proceso de desprenderse de estos apegos como un paso necesario para alcanzar la iluminación o el despertar espiritual. El desapego permite a los individuos experimentar el mundo sin estar atrapados por las limitaciones de sus concepciones previas de sí mismos. Es a través de este desapego que uno puede darse cuenta plenamente de su naturaleza divina, reconociendo que no es el cuerpo, la mente o la identidad social que ha asumido, sino más bien una conciencia sin forma y atemporal.

LA CRUCIFIXIÓN Y LA RESURRECCIÓN COMO SÍMBOLOS DE TRANSFORMACIÓN PERSONAL

Los conceptos de crucifixión y resurrección están cargados de significado metafórico y simbolizan profundos procesos de transformación personal. El texto interpreta estos acontecimientos cristianos fundamentales no como meros sucesos históricos, sino como experiencias internas continuas que todo individuo experimenta en su camino hacia la autorrealización y el crecimiento espiritual.

La crucifixión, en este contexto, representa el acto necesario de autosacrificio. No se trata de la muerte física, sino más bien de la muerte del yo anterior y limitado, la identidad anticuada o restringida con la que el individuo ha estado viviendo. Subraya que, para evolucionar y transformarse, primero hay que desprenderse del viejo yo, junto con sus creencias restrictivas, falsas identidades y apegos a formas externas. Este autosacrificio requiere que el individuo se desprenda del ego y de su insistencia en identificarse con la raza, el estatus, las posesiones materiales o las limitaciones personales. Sólo "crucificando" esta versión limitada del yo puede una persona dar paso a una conciencia nueva y expandida.

El proceso de crucifixión, tal y como se describe en el texto, implica una liberación intencionada de las identidades pasadas y la voluntad de aceptar el cambio. Se describe como una forma de rendición interna, en la que el individuo abandona su apego a su concepción actual de quién es. Este autosacrificio es doloroso, como la crucifixión física de Jesús, porque implica enfrentarse a la incomodidad de desprenderse de viejos hábitos, creencias y formas de ser. Sin embargo, este proceso es esencial para el crecimiento, ya que despeja el camino para la resurrección.

La resurrección, por otra parte, simboliza el renacimiento y el surgimiento de un nuevo estado de ser. Sugiere que, al igual que Jesús resucitó de entre los muertos, los individuos pueden elevarse a un nuevo nivel de autoconciencia e identidad tras la crucifixión de su antiguo yo. Esta resurrección no es un acontecimiento único, sino una transformación continua que puede repetirse a lo largo de la vida, a medida que el individuo evoluciona y se redefine.

La resurrección es el momento en el que un individuo reclama su nueva identidad, una identidad que no está atada a las limitaciones del antiguo yo, sino que está alineada con un sentido del ser más elevado y liberado. En este renacimiento, el individuo toma conciencia de su poder y divinidad inherentes. Ya no está restringido por las antiguas concepciones de sí mismo impulsadas por el ego, sino que ahora encarna los atributos que desea, ya sea la fuerza, el amor, la libertad o la abundancia.

Alinea este proceso con la ley de la conciencia, enseñando que la resurrección es el resultado de tomar conciencia del nuevo yo. El acto de afirmar "yo soy" en referencia al estado de ser deseado (por ejemplo, "soy libre", "soy poderoso") es lo que permite que se produzca la resurrección. De este modo, la resurrección es una victoria personal sobre el viejo yo condicionado, que permite al individuo entrar en una nueva realidad que refleja su conciencia transformada.

Además, el texto establece un paralelismo entre la crucifixión y la resurrección y los ciclos naturales de la vida, en particular utilizando el simbolismo de la primavera, cuando la naturaleza resucita tras la larga "muerte" del invierno. Este ciclo de muerte y renacimiento refleja el proceso continuo de transformación que experimentan los seres humanos a medida que evolucionan en conciencia. Al igual que las semillas enterradas en la tierra deben morir para dar lugar a una nueva vida, los individuos deben desprenderse de sus viejas y limitadas identidades para despertar a su verdadero potencial.

-

EL PODER CREATIVO DE LA CONCIENCIA

El poder creativo de la conciencia es un tema fundamental que sustenta toda la filosofía presentada en el texto. Afirma que la conciencia es la fuerza creativa suprema del universo y que todas las cosas nacen gracias a ella. En este marco, Dios no es una figura externa, sino la conciencia misma, el núcleo del ser que está presente en cada individuo. Este profundo concepto redefine la concepción tradicional de la creación y pone el poder de moldear la realidad directamente en manos de los individuos a través de su conciencia.

Subraya que todo lo que una persona es consciente de ser, inevitablemente lo expresará en su mundo. En otras palabras, la realidad de un individuo es un reflejo directo de aquello de lo que es consciente. Por ejemplo, si alguien es profundamente consciente de estar sano, tener éxito o sentirse realizado, estas cualidades se manifestarán en su vida exterior. Por el contrario, si una persona está consumida por pensamientos de carencia, limitación o fracaso, esas condiciones también se reflejarán en su experiencia. Este poder creativo de la conciencia opera en todo momento, tanto si el individuo es consciente de ello como si no.

Este tema promueve firmemente la idea de que los individuos poseen el poder de crear sus propias realidades a través de la conciencia enfocada y la creencia. Enseña que, al cambiar su conciencia hacia los estados deseados del ser -como afirmar "soy fuerte" o "soy próspero"-, los individuos pueden moldear conscientemente el mundo que les rodea para que coincida con estas declaraciones interiores. La conciencia de ser es lo que da vida a todas las cosas. El mundo exterior no es más que un espejo del mundo interior de la conciencia.

El proceso creativo se describe como algo sin esfuerzo pero poderoso. No requiere acción externa ni lucha, sino que es el resultado natural de ser consciente de un estado concreto. En el momento en que un individuo alinea su conciencia con una identidad o condición específica, comienza la creación. Por eso el Libro insiste en la importancia de cultivar una conciencia clara y deliberada del estado deseado. Cuanto más centrada y sostenida sea la conciencia, más poderosamente se manifestará en forma física.

El texto también subraya que este poder creativo es universal y opera a través de una ley que no cambia. Todo el mundo, se dé cuenta o no, está creando constantemente su realidad a través de su conciencia. Sin embargo, el Libro aboga por una comprensión más profunda de este proceso, animando a las personas a tomar el control consciente de sus pensamientos y creencias para aprovechar todo el potencial de su poder creativo. Es a través de la conciencia deliberada -de lo que uno elige ser consciente- como una persona puede pasar de una vida dictada por reacciones inconscientes a otra que se elabore a propósito de acuerdo con sus aspiraciones más elevadas.

Además, el Libro conecta esta idea con la afirmación "Yo y mi Padre somos Uno", que sirve para recordar a los lectores que su conciencia individual es inseparable de la fuerza creadora divina, o Dios. El Padre, en este sentido, es la conciencia ilimitada dentro de cada persona, y es esta conciencia la que da forma a todos los aspectos de la vida. Propone que, para comprender y acceder realmente al propio poder creativo, uno debe reconocer que es, de hecho, el creador de su propio mundo. Dios, como conciencia, trabaja a través de ellos, y todo aquello con lo que se identifiquen en conciencia se manifestará.

Esta comprensión transforma la forma en que los individuos se relacionan con sus experiencias. En lugar de verse a sí mismos como receptores pasivos de las circunstancias, pasan a verse como participantes activos en la creación de su realidad. Anima a los lectores a abrazar esta responsabilidad y poder, instándoles a cambiar su enfoque hacia estados del ser positivos y expansivos. Al hacerlo, se alinean con la fuerza creativa del universo y generan las realidades que desean.

-

DESAPEGO DE LAS INFLUENCIAS EXTERNAS

El principio del desapego de las influencias externas es un aspecto clave de la capacitación espiritual y la autorrealización. El texto enseña que las personas no deben depender de cosas externas -como drogas, dinero o posesiones materiales- como fuentes de poder, seguridad o felicidad. Estos objetos externos se describen como fugaces y, en última instancia, incapaces de proporcionar una satisfacción duradera o el control sobre la propia vida. En su lugar, el Libro aboga por un profundo cambio de mentalidad: el verdadero poder y la transformación proceden del interior, del reconocimiento y el dominio de la propia conciencia divina.

Explica que depender de influencias externas coloca a las personas en un estado de dependencia, en el que su sensación de bienestar y control viene dictada por circunstancias que escapan a su control. Cuando las personas buscan la felicidad, la salud o la seguridad en objetos materiales o condiciones externas, entregan su poder interior a fuerzas ajenas a ellas mismas. Este enfoque, según el texto, es erróneo porque ignora la verdad fundamental de que todo poder real se origina dentro de la propia conciencia. Los objetos externos, incluidas las riquezas, las sustancias u otras cosas materiales, se consideran ilusiones que nunca pueden sustituir al poder creativo innato de la conciencia.

En cambio, el Libro enseña que la fuente de todo verdadero poder reside en el reconocimiento de la propia autoconciencia divina. Esta conciencia, descrita como el "YO SOY" o Dios interior, es la fuerza creativa que da forma y dirige la vida. Insiste en que, volviéndose hacia dentro y conectando con esta fuente de conciencia infinita, las personas pueden acceder al poder real para dar forma a sus vidas. No es mediante la acumulación de recursos externos como las personas alcanzan el control o la plenitud, sino a través de su dominio de la conciencia y de su conciencia de ser.

Al hacer hincapié en el desapego de las influencias externas, el texto anima a las personas a cultivar un sentido interior de plenitud y totalidad. Aboga por la comprensión de que uno ya posee todo lo necesario para vivir una vida plena y poderosa. Cuando las personas se desprenden de la creencia de que las cosas externas -ya sea dinero, estatus u objetos físicos- son necesarias para la felicidad, se liberan de las limitaciones impuestas por el mundo material. Este desapego no significa rechazar por completo el mundo material, sino reconocer que la verdadera realización no depende de esas cosas.

Ilustra esta enseñanza sugiriendo que las cosas externas sólo tienen el poder que los individuos les otorgan. Por ejemplo, si alguien cree que su felicidad o su salud dependen de un objeto o una circunstancia concretos, está poniendo su bienestar en manos de algo que escapa a su control. Esta creencia crea una sensación de limitación y dependencia. Sin embargo, cuando los individuos se dan cuenta de que su verdadera fuente de poder es su propia conciencia, recuperan el control sobre sus vidas y dejan de estar sujetos a las fluctuaciones de las circunstancias externas.

Además, el Libro subraya que el desapego de las influencias externas es un camino hacia la libertad espiritual. Al no estar atados por la necesidad de objetos materiales o validación externa, los individuos se liberan para experimentar la vida desde un estado superior de conciencia. Ya no están limitados por el miedo a la pérdida o la búsqueda constante de ganancias externas. En su lugar, operan desde un lugar de fuerza interior, donde su sentido de identidad y poder está arraigado en su conciencia de ser, que es eterna e inmutable.

Este desapego también está en consonancia con el tema más amplio del Libro de no apegarse a etiquetas, divisiones y falsas identidades. Del mismo modo que enseña que los individuos no deben definirse a sí mismos por su raza, nacionalidad o credo, también enseña que no deben definir su sentido del poder o la felicidad en función de objetos externos. La verdadera identidad, según el texto, se encuentra en la conciencia ilimitada y sin forma que es la esencia de cada individuo. Cuando las personas se alinean con esta conciencia, acceden a una fuente de poder que es mucho mayor que cualquier cosa que el mundo material pueda ofrecer.

-

NINGÚN OTRO DIOS

El tema de No hay otro Dios es una enseñanza fundamental que subraya la importancia de reconocer que todo el poder y la divinidad residen dentro de uno mismo. El texto insiste en que creer en fuentes externas de poder -ya sean objetos materiales, estructuras sociales u otras fuerzas externas- es una forma de idolatría. Afirma que los individuos que depositan su confianza en cualquier cosa fuera de su propia conciencia están, en esencia, adorando a dioses falsos. El único Dios verdadero, es la autoconciencia o conciencia que existe dentro de cada individuo, y esta conciencia interna debe ser el único centro de la creencia, la devoción y la confianza.

Sugiere que la tendencia humana a buscar poder y soluciones en el exterior, ya sea a través de la riqueza, el estatus, los sistemas políticos o incluso los intermediarios religiosos, aleja a las personas de su verdadera fuente de fortaleza. Esta dependencia externa se equipara a la adoración de imágenes esculpidas o ídolos, ya que distrae a las personas de la comprensión de que la fuente última de poder reside en su propia conciencia. Desde este punto de vista, cualquier cosa que uno eleve a una posición de autoridad o poder sobre su vida, aparte de su propia conciencia divina, es un dios falso. Ya sea la búsqueda de dinero, la creencia en el poder de los gobiernos o de los sistemas sociales, o la confianza en las posesiones materiales como garantía de seguridad, todo ello son ilusiones que oscurecen al verdadero Dios: la conciencia interior consciente de sí misma.

El texto enseña que esta conciencia interior, a menudo denominada "YO SOY" o Dios interior, es la verdadera fuerza creativa que gobierna la vida. Es esta conciencia la que da forma a la realidad, y es a través del reconocimiento de esta divinidad interna que los individuos pueden aprovechar su potencial ilimitado. Insta a los individuos a reconocer que no son impotentes ni están a merced de las circunstancias externas, sino que son los creadores de su propia realidad a través de su conciencia de ser. Al reconocer esta verdad, uno reclama su soberanía sobre la vida y se libera de las cadenas de las dependencias externas.

El tema de No hay otro Dios sirve para recordar que las personas deben volverse hacia dentro para encontrar su fuerza, sus soluciones y su guía. Los objetos externos, ya sean posesiones materiales, estructuras sociales o incluso otras personas, no pueden proporcionar verdadera plenitud o poder porque están sujetos al cambio y la decadencia. Sólo la conciencia de uno mismo, que es eterna y sin forma, puede ofrecer la sensación duradera de propósito y control que la gente busca.

Además, el Libro subraya que la creencia en poderes externos es una forma de desempoderamiento. Cuando los individuos creen que su felicidad, éxito o seguridad dependen de algo externo a ellos, renuncian a su capacidad innata de crear y dar forma a su realidad. Se convierten en esclavos de las mismas cosas que creen que les salvarán. Por eso el Libro compara esta creencia con la idolatría, ya que desvía a las personas de su verdadera naturaleza como seres divinos capaces de manifestar sus deseos a través del poder de su conciencia.

El texto explica además que la conciencia es el único fundamento verdadero de la vida. Todas las manifestaciones externas son meros reflejos de lo que uno es consciente de ser. Por lo tanto, al depositar la fe en las cosas externas, los individuos pierden la oportunidad de realizar todo su potencial creativo. Anima a la gente a rechazar los falsos dioses del materialismo, las expectativas sociales y las estructuras de poder externas, y a centrarse en la conciencia divina que existe en su interior. Esta conciencia, el "YO SOY", es el único Dios verdadero, y es desde este lugar de reconocimiento interno desde donde las personas pueden vivir verdaderamente alineadas con su propósito y potencial más elevados.

El tema de "No hay otro Dios" en el Libro exige un cambio radical de perspectiva, instando a los individuos a desprenderse de las fuentes externas de poder y, en su lugar, depositar su creencia y confianza en su propia conciencia divina. Al hacerlo, se liberan de las limitaciones y dependencias del mundo exterior y llegan a reconocer que el verdadero Dios es la conciencia interior, la única fuerza capaz de crear, sostener y transformar su realidad. Esta conciencia interior debería ser el único objeto de creencia, ya que es el fundamento de toda existencia y la fuente última de poder.

\-

LA LEY DE LA CONCIENCIA

La Ley de la Conciencia es un principio metafísico clave que rige la relación entre el estado interior de un individuo y sus experiencias externas. El Libro explica que el estado actual de conciencia de una persona - cómo se percibe e identifica a sí misma- determina directamente los acontecimientos y circunstancias que encuentra en la vida. Este principio afirma que la conciencia es la fuerza creativa fundamental, que moldea la realidad de acuerdo con lo que la persona cree ser. El núcleo de esta ley es el concepto de "YO SOY", que representa el poder de la autodeclaración y la autoidentificación. Lo que una persona afirma como su identidad a través de la afirmación "YO SOY" es lo que inevitablemente experimentará en su mundo exterior.

El Libro subraya que los individuos siempre tienen el control de su destino, sean o no conscientes de ello, a través de sus creencias y de los estados de conciencia que ocupan habitualmente. Cada pensamiento, sentimiento y creencia que una persona tiene sobre sí misma constituye la base de su realidad. Por ejemplo, si alguien se identifica constantemente con la carencia, pensando o sintiendo "soy pobre" o "no soy suficiente", su vida reflejará estas creencias, manifestando condiciones que refuerzan este estado de conciencia. Por el contrario, si una persona se alinea con afirmaciones positivas como "tengo éxito" o "estoy sano", su realidad cambiará para encarnar esos estados del ser. El Libro enseña que no se trata de un mero efecto psicológico, sino de una ley metafísica: la conciencia da forma a la materia y a la experiencia.

Esta Ley de la Conciencia subraya la idea de que las personas tienen más poder sobre sus vidas de lo que a menudo creen. Anima a las personas a responsabilizarse plenamente de sus creencias y pensamientos porque son los arquitectos de su propia realidad. Según el Libro, esta ley está siempre en funcionamiento, independientemente de si una persona la utiliza conscientemente o no. Al tomar conciencia de esta ley y dirigir intencionadamente su conciencia hacia los resultados deseados, las personas pueden tomar el control de la trayectoria de su vida.

La Ley de la Conciencia también rechaza la idea de que las circunstancias externas o el destino determinen las experiencias personales. En su lugar, el Libro sostiene que cada experiencia es un reflejo del mundo interior del individuo. Los acontecimientos externos no son aleatorios ni vienen impuestos por fuerzas externas, sino que son la plasmación natural de la propia conciencia. Por tanto, si una persona desea cambiar su vida, primero debe cambiar su estado de conciencia. Esto implica transformar su diálogo interior, cambiar sus creencias e identificarse conscientemente con el estado que desea manifestar.

Además, el Libro transmite que la Ley de la Conciencia opera con precisión, lo que significa que cualquier estado que una persona mantenga constantemente en su mente se materializará. No basta con tener momentáneamente pensamientos positivos o hacer afirmaciones sin encarnar realmente esos estados del ser. El Libro subraya la importancia de la conciencia persistente: seguir afirmando y sintiendo la verdad del estado deseado hasta que se convierta en una realidad vivida. Este proceso de afirmar "YO SOY" es la clave para desbloquear el poder de la ley.

Un aspecto importante de esta enseñanza es la idea de que la Ley de la Conciencia opera más allá de los pensamientos superficiales y profundiza en las convicciones y sentimientos más profundos de una persona. No se trata simplemente de repetir frases positivas, sino de encarnar esas verdades tan plenamente que se conviertan en parte natural de la conciencia de la persona. El Libro anima a las personas a cultivar una creencia inquebrantable en el poder del "YO SOY" y a alinear persistentemente su conciencia con los resultados deseados, independientemente de las apariencias externas.

CONCLUSIÓN

Resumen De Los Principios Clave:
- La imaginación es la fuerza creadora: La enseñanza central es que la imaginación y la conciencia son los verdaderos creadores de la realidad. Cualquier cosa que seas consciente de ser o de desear acabará manifestándose.

- El poder del "YO SOY": Goddard enseña que la frase "YO SOY" representa lo divino dentro de cada persona. Al identificarte con lo que deseas ser, condicionas tu conciencia para que se alinee con ese deseo.

- Superar las creencias limitantes: El libro subraya la importancia de liberarse de las ilusiones, los apegos y las limitaciones autoimpuestas. Esto permite a los individuos verse a sí mismos como uno con el Padre, o su conciencia incondicionada.

- Fe en el presente: En lugar de esperar el cambio, se anima a los lectores a encarnar el sentimiento de tener ya lo que desean. Vivir en el momento presente como si sus deseos se cumplieran es la clave de la manifestación.

PLAN DE ACCIÓN PARA LA APLICACIÓN DIARIA

1. Práctica diaria de imaginación:
- Dedica unos minutos cada día a imaginar la vida que quieres, como si ya fuera tu realidad. Cierra los ojos y sumérgete en la sensación de tener lo que deseas.

2. Afirmar las declaraciones "YO SOY":
- Utiliza con regularidad afirmaciones del tipo "YO SOY" que estén alineadas con tus objetivos. Por ejemplo, si buscas el éxito, repite "YO SOY exitoso" a lo largo del día, permitiendo que se convierta en parte de tu autoconcepto.

3. Conciencia plena:
- Practica la atención plena manteniéndote presente en tu conciencia. Presta atención a tus pensamientos y sentimientos, asegurándote de que reflejen lo que deseas manifestar en lugar de antiguas creencias limitantes.

4. Libérate de los apegos negativos:
- Identifica las áreas de tu vida en las que te sientes limitado por tu raza, credo o experiencias pasadas. Trabaja en liberarte de estos apegos para liberar tu conciencia, lo que te permitirá alinearte más plenamente con el estado del ser que deseas encarnar.

5. Vive como si:

- Actúa como si tus deseos ya fueran realidad. Ya sea que se trate de confianza, abundancia o salud, compórtate de una manera que refleje la creencia de que ya posees esas cualidades.

GLOSARIO DE CONCEPTOS CLAVE

1. YO SOY:
- Una declaración de autoconciencia y existencia. Representa la conciencia divina dentro de cada persona, afirmando su identidad y potencial.

2. Conciencia:
- El estado de estar consciente de los propios pensamientos, sentimientos y existencia. En las enseñanzas de Goddard, la conciencia se considera la fuerza creativa que da forma a la realidad.

3. Imaginación:
- La capacidad de formar imágenes y conceptos mentales. Goddard destaca que la imaginación es una herramienta poderosa para manifestar deseos y crear la propia realidad.

4. Manifestación:
- El proceso de convertir los deseos o pensamientos en realidad física. Implica alinear la conciencia y los sentimientos con lo que uno desea experimentar.

5. Conciencia:
- El estado de ser consciente de algo. En la filosofía de Goddard, la conciencia de ser es la esencia de lo divino en el interior de los individuos.

6. Deseos:

- Sentimientos o deseos intensos de algo. Según Goddard, los deseos son pistas sobre lo que uno está destinado a manifestar en la vida.

7. Creencias limitantes:

- Pensamientos o creencias negativas que limitan el potencial o las posibilidades de la persona. Goddard alienta a superar estas creencias para posibilitar la transformación personal.

8. Sentirlo real:

- La práctica de encarnar las emociones y sensaciones de haber logrado un deseo como si fuera cierto en el momento presente.

9. Ser Divino:

- La verdadera naturaleza del individuo, que está conectada con la conciencia universal o Dios. Es el aspecto impersonal de la conciencia que trasciende la identidad personal.

10. No apego:

- La práctica de no apegarse excesivamente a resultados o identidades específicas. Esto permite una mayor libertad y la capacidad de manifestarse sin restricciones.

11. Fe:

- Una creencia firme en algo, a menudo sin pruebas. Goddard enseña que la fe en la propia capacidad para manifestar deseos es esencial para una manifestación exitosa.

12. Momento presente:

- El momento o la experiencia actual. Goddard enfatiza la importancia de vivir en el presente y reclamar los propios deseos ahora, en lugar de posponerlos.

LECTURAS RECOMENDADAS

1. "El poder del ahora" de Eckhart Tolle
- Este libro enfatiza la importancia de vivir en el momento presente y ofrece conocimientos sobre la conciencia y la autoconciencia, alineándose bien con las enseñanzas de Goddard.

2. "El secreto" de Rhonda Byrne
- Un libro popular sobre la ley de atracción, analiza cómo los pensamientos y las creencias pueden manifestar la realidad, haciéndose eco de las ideas de Goddard sobre el poder de la imaginación.

3. "Como un hombre piensa" de James Allen
- Esta obra clásica se centra en la influencia del pensamiento en el desarrollo personal y las circunstancias de la vida, reforzando el mensaje de Goddard sobre la conciencia y la creencia.

4. "Visualización creativa" de Shakti Gawain
- Este libro ofrece técnicas prácticas para utilizar la visualización y la imaginación para manifestar deseos, similares a las enseñanzas de Goddard sobre sentir y creer en los propios deseos.

5. "La ley de la atracción: los fundamentos de las enseñanzas de Abraham" de Esther y Jerry Hicks
- Este libro proporciona conocimientos sobre la ley de atracción, explorando cómo los pensamientos y los sentimientos atraen experiencias correspondientes, en resonancia con los principios de Goddard.

6. "Piense y hágase rico" de Napoleon Hill
- Un clásico en el género de autoayuda, este libro explora las actitudes y prácticas mentales necesarias para alcanzar el éxito, en paralelo al énfasis de Goddard en la conciencia y la autoidentidad.

7. "El sistema de la llave maestra" de Charles F. Haanel
- Este libro proporciona una guía completa para comprender las leyes de la atracción y la manifestación a través de la disciplina mental y el enfoque, similar a las enseñanzas de Goddard.

8. "Tú eres el placebo" de Joe Dispenza
- Este libro explora la conexión mente-cuerpo y cómo las creencias y los pensamientos pueden conducir a cambios físicos, reflejando las opiniones de Goddard sobre el poder de la conciencia.

9. "La ciencia de hacerse rico" de Wallace D. Wattles
- Un texto fundamental sobre la ley de atracción y abundancia, analiza cómo los pensamientos y creencias influyen en la riqueza y el éxito, reflejando el enfoque de Goddard en la manifestación.

10. "Un Curso de Milagros" de Helen Schucman
- Este texto espiritual enfatiza el poder del pensamiento y la importancia de la percepción en la creación de la propia realidad, alineándose con los temas centrales de las enseñanzas de Goddard.

CRONOLOGÍA DE LA VIDA DE NEVILLE GODDARD

1905:

- Neville Lancelot Goddard nació el 19 de febrero en St. Michael, Barbados, en el seno de una familia británica. Es el cuarto hijo de una familia de nueve varones y una niña.

1922:

- A los 17 años, Neville se muda a la ciudad de Nueva York para estudiar teatro. Trabaja como actor y bailarín en el escenario y en películas mudas, actuando en Broadway, en películas mudas y haciendo giras por Europa con una compañía de danza.

1923:

- Neville se casa brevemente con Mildred Mary Hughes. Tienen un hijo, Joseph Goddard, nacido en 1924.

1929:

- Neville marca este año como el inicio de su viaje místico. Recuerda una experiencia espiritual: "Fui llevado en espíritu al Consejo Divino donde los dioses conversan".

1931:

- Después de años de estudiar lo oculto, Neville conoce a su maestro Abdullah, un hombre negro con turbante y de ascendencia judía. Trabajan juntos durante cinco años en la ciudad de Nueva York.

1938:
- Neville comienza su propia carrera como docente y conferenciante, compartiendo sus conocimientos místicos.

1939:
- Neville publica su primer libro, A Tus Órdenes.

1940-1941:
- Neville conoce a su segunda esposa, Catherine Willa Van Schumus .

1941:
- Neville publica su segundo libro, Tu Fe es tu Fortuna.

1942:
- Neville se casa con Catherine y tienen una hija, Victoria, más tarde ese mismo año. También publica Libertad Para Todos: una aplicación práctica de la Biblia.

1942-1943:
- De noviembre a marzo, Neville sirve en el ejército y luego regresa a Greenwich Village, Nueva York. En 1943, aparece un perfil suyo en The New Yorker.

1944:
- Neville publica Sentir es el Secreto.

1945:

- Neville publica Plegaria: El Arte De Creer.

1946:

- Neville conoce al filósofo Israel Regardie , quien lo perfila en El romance de la metafísica. También publica un panfleto, La Búsqueda.

1948:

- Neville imparte sus famosas conferencias "Cinco Lecciones" en Los Ángeles, que luego se publican póstumamente como libro.

1949:

- Neville publica Fuera de este Mundo: Pensar en cuarta dimensión.

1952:

- Neville publica El Poder de la Conciencia.

1954:

- Neville publica Imaginación Despierta.

1955:

- Neville comienza a presentar programas de radio y televisión en Los Ángeles.

1956:

- Neville publica Semilla y cosecha: Una visión mística de las Escrituras.

1959:

- Neville experimenta un profundo evento místico, describiéndolo como un renacimiento de su propio cráneo, seguido de otras experiencias místicas.

1960:

- Neville lanza un álbum de palabra hablada.

1961:

- Neville publica La Ley y La Promesa. El capítulo final, "La Promesa", detalla la experiencia mística de 1959 y las experiencias posteriores.

1964:

- Neville publica el panfleto Rompe la Cáscara: Una Lección En Las Escrituras.

1966:

- Neville publica su último libro completo, Resurrección, que describe su visión mística y el potencial de la humanidad para realizar su naturaleza divina.

1972:

- Neville muere el 1 de octubre a los 67 años en West Hollywood, al parecer de un ataque cardíaco. Está enterrado en la parcela familiar en St. Michael, Barbados.

ACERCA DE LOS AUTORES

Neville Goddard
Fue un pensador místico profundo e influyente del siglo XX. Sus enseñanzas se centraban en el concepto radical y empoderador de que la imaginación humana es la verdadera manifestación de Dios. Creía que todo en la vida de una persona, ya sea positivo o negativo, es resultado de sus pensamientos, sentimientos y estados imaginativos.

La infancia de Neville estuvo marcada por su crianza en Barbados, donde nació en 1905 en una familia anglicana. A los 17 años, se mudó a la ciudad de Nueva York en 1922 para dedicarse al teatro. Aunque alcanzó el éxito como actor y bailarín, actuando en Broadway y en películas mudas, su vida dio un giro radical a principios de la década de 1930. Dejó atrás su carrera de actor para sumergirse en el estudio de la metafísica.

Bajo la influencia de su mentor, Abdullah, una misteriosa figura de ascendencia africana y judía, Neville comenzó a explorar principios espirituales profundos que combinaban el cristianismo con el misticismo. Se embarcó en una carrera como escritor y conferenciante, utilizando su carisma e intelecto para dar charlas impactantes en iglesias metafísicas, centros espirituales y lugares públicos. Sus enseñanzas se centraban especialmente en el poder del pensamiento y la imaginación como la fuerza creativa suprema.

A pesar de no alcanzar una fama generalizada durante su vida, la influencia de Neville ha crecido significativamente desde su muerte en 1972. Sus obras, en particular sus libros como Sentir Es El Secreto, El Poder De La Conciencia y La Ley y La Promesa, ahora se consideran precursores de las ideas modernas sobre la mecánica cuántica y el poder de la conciencia para dar forma a la realidad.

Las ideas de Neville también han inspirado a pensadores y autores espirituales contemporáneos, entre ellos Carlos Castaneda y Joseph Murphy, quienes desarrollaron temas similares en sus propias obras. Hoy en día, sus enseñanzas son ampliamente consideradas como atemporales y siguen atrayendo a un público cada vez mayor que busca aprovechar el potencial creativo de la mente.

Imaginatio Divina Editorial

Creemos que el poder de la creación reside en cada uno de nosotros. Inspirados por las profundas enseñanzas de Neville Goddard, promovemos la transformación de la vida a través del poder de la imaginación y la conciencia. Nuestra editorial se dedica a publicar obras que revelan la capacidad innata de los individuos para dar forma a su realidad a través del pensamiento consciente y la fe interior. Cada libro, cada palabra, tiene como objetivo guiar a los lectores hacia el descubrimiento de su naturaleza divina y su poder creativo, en línea con la filosofía de que "la imaginación es Dios en acción".

www.ingramcontent.com/pod-product-compliance
Lightning Source LLC
Chambersburg PA
CBHW071326140726
47996CB00005B/1844